イルカとETと天使たち

DOLPHINS EXTRA-TERRESTRIALS & ANGELS

ティモシー・ワイリー
鈴木美保子訳

明窓出版

創造のスピリットへ

父へ、母へ

そして私たちを待ち受ける素晴らしい驚きの数々へ

目次

第4章 夢の世界を分かち合う

第5章 回路が開く

第6章 別次元の実相を夢見で現実化する

第7章 天国での戦争

謝辞

本書のような編纂は、必ず共同作業となるものだ。だから最初に〝意識のユニット〟であるプリンセス、サンディ、クリステル、ポール、クリスタ、ハンス、ニコラス、アリエル、そしてもちろん天使たちに僕の感謝を捧げたい。このグループは、天使のコミュニケーションを受け取るために集まっては、静かに解散していった。

僕の冒険を励まし、参加してくれた多くの友人にも、心から感謝したい。特にボビー、スチュアート、クリスティ、ステファン、リヴカ、ルース、ジョナサン、テリー、従兄弟のクリストファー。またイギリスの友人――海の従兄弟たちのことを思い起こさせてくれたエステル、パラダイス島のイルカを〝発見〟した話をしてくれたアーマンド、そして快活な気性のマイケル、ウェンディ、チャールズ、ダニエルへ。いつも深くサポートしてくれたジャッキとアールへ。実際に行動し、それを語る根性があるオスカーへ。落ち着いて書く場所を与えてくれたポーラ、レイモンド、フリーダへ。最終段階で励ましてくれたヤニとラリーへ。思慮深い編集作業をしてくれたカナダのエドワードへ。そして洞察に満ちた編集と編纂にあたってくれたアルマに感謝する。

数年前に本書を活字にしておきたいと自分なりの決意をしていたが、ベア&カンパニーのバーバラとジェリーは、その願いを引き受けてくれ、形にしてくれた。心から感謝を捧げる。専門技術をもって発刊の作業にあたってくれたバーバラ、マリリン、アンジェラと一緒に仕事ができたことは実に楽しかった。

最後に、全ての存在—生物、動物、見えざるものたちに敬意を表明する。本書はまさにあなたたちの物語なのだから。

はじめに

僕らは、不思議な次元上昇のまっただ中にいる。

この星の歴史において、まさに今、全人類の主な宗教が合流するかのように、大きな渦巻きを見せている。といっても、あらゆる次元の存在を包括的に、かつ筋の通った方法で説明できる人はまずいない。僕ら自身が、まずは神秘なのだ。注意深く見てみると、見えざる世界の足跡といったものが明らかに見えてくる。しかし僕らは、待ち受けている見えざる世界の指導の下で、尋常ならぬ変化のことを認めたり、理解するだけの適切な信念体系、あるいは妥当な知覚能力すらも持ち合わせてはいないことに、はたと気づくのだ。

数百年後、彼ら――あるいは僕らかもしれないが――は過去を振り返って、果たして何がどう起こったのだろうといぶかしく思うのかもしれない。好戦的で反抗的な人種が、いったいどうやってすんなりと、光と生命の時代に入っていったのだろうかと？　見るからに混沌たる時代にあって、いったい誰がそうなることを知っていただろう？　またこの偉大なる次元変換の時に生まれ合わせる特権を得た僕らにとって、より重要な問いかけがある。僕らの意識は、この星の表面を吹き荒れている新たなエネルギーを取り込むほどに、どのように拡大し、拡張したのだろうか？

この記録は本来、イルカの知性――心《ハート》の知恵の比喩――を探るためのものだったが、しかし僕とパートナーがイルカの〝知性《マインド》〟という素晴らしく広大な海に分け入れば分け入るほど、その旅はもっと新しい、未開の領地に入っていくのだった。その中で新たな身体的、霊的な敏感さを発達させてきていると実感もした。地球外生命体と話す時には、落ち着いて、平常を保つ必要があることも、実体験から学ばされた。テレパシーによるコミュニケーションにおいては、三半規管の奥に響いてくる声に耳を傾けるやり方を改めて理解し、雑音と区別しなくてはならなかった。時には、自分たちはおかしくなっていっているのだろうかとも考えた。何が何だか分からぬままに、ただ流れに乗じていたこともたびたびあった。時に圧倒されるような状況を通して、思考形態の実相を、つまり思考にはパワーがあることを学んだのだ。自分にとっては最も難しい教訓の一つ、それは、恍惚感に溺れきりにならずに、そうした深遠なる忘我の境地が保護しているさまざまな次元を通り抜けるということもまた、学ばなくてはならなかった。

「イルカとETと天使たち」は、実在というもの自体に関して、最も深く信じていたものに、挑戦状をつきつける体験となった。本書に報告されている事がらを、空想だとか想像の産物だとして拒絶される方もおられるだろう。僕とて、自分にこうした体験がなかったならそうだったかもしれない。自分が目撃したことは、本当だと信じている。そうでなければ、こうして出版の労をとるなんてことは考えもしなかっただろう。よって僕は、読者がただじっくり浸っていただけるような出来事の記録として、これを上梓するのだ。この本を読み、読者ご自身の真実の精神《スピリット》（それは気づいていようといまいと、僕らみんなが持っているものなのだが）に響かせてみるならば、僕らみんなが今さらされている大量の誤情報の中から、真実を探し当てることができると信じている。

本書の展開で明らかになるように、イルカの知性への探求は、また別の道をも開くことになった。その全てが、知恵の後ろ盾と心のはたらきのもとにある、また、より高次における、魂の合一性（ワンネス）を示してくれている。まずは、明らかな核爆弾の威力から、また大きく広がっている生態系への懸念から、僕らはやっとグローバルな意識を持つようになり、そしてそれは結局、僕らみんなの問題なのだと実感するに至っている。これはさらに、僕らがみな宇宙市民であり、その中で果たすべき役割があるという、より大きな理解へと道を開くことだろう。

僕らの宇宙への移住―その時が来れば―の前には、まず僕らの内面世界の探求と意識拡大が行なわれる。僕らは自分たちが一人ではないことがやっとわかり、恐れという悪魔をものともせず、想像という限りない世界を探っているのだ。この太陽系へ、さらにその向こうの美しく広大な生命居住圏である宇宙へと出て行く時、僕らは攻撃的、好戦的な種ではなくなっているだろう。それらは消え去り、過去のものとなるのだ。

現在は困難な時代だが、浄化のプロセスとは常にそういうものだ。だが本書のメッセージは、深い意味で、最悪の峠は越えたということなのだ。窮地を過ぎ、臨界点に達した人類は、もははや今までと同じではあり得ない。二十万年に及ぶ宇宙での孤立に、今、終止符が打たれようとしている。高次の霊的存在ではすでに調停がなされており、この新たな平和、深遠なる希望が僕らにも浸透し始めるだろう。それは、生来僕らの心と魂が持っている喜びの上に長いこと居座ってきた、理性的な物質的世界観を突き破る、勇気と決意を与えてくれる。

これから読者が目にすることになる啓示を受け取り始めた頃、僕は自分が経験してきたことの正当性について、思い入れがかなり強かったことに気づいた。僕の狂信的行為の危険性については、天使たちからよく警告を受けた。数年たってこれを書いていくうちに、自分が通ってきたさまざまな次元での意識変換によってかき混ぜられた、多様な情緒のバランスがとれるようになってきた。だから身の回りに不思議なことが起こり始めて、それをノートに書きとめるようになった頃の僕と、今そのことを書いている僕とでは、全く違っている。これらの経験から出てきた和解という根元的なメッセージは、今なお僕の生活の中で、不思議な響きをもって影響を与えている。

誰でも良い面と悪い面を併せ持っているのは自明のことだが、ネガティブな側面と、これと反発し合う内なる力が、まさに究極的な和解を必要としているということは、この時代の僕らに与えられた確かな教訓だ。もし僕らの心の中が戦争状態なら、相互の敵意を、そして行き着くところ戦争という惨劇を生み出すことになる争いを、どうして実現化せずに済むだろう？

結局、僕ら一人一人の心の中で、こうした反発し合うエネルギー同士が直面し、和解せねばならないのだ。ユダヤ・キリスト教・イスラム教の思考体系を学ぶ中で、また僕自身の個人的見地から、僕はこうしたエネルギーを、ガブリエルとルシファーとして受けとめるようになってきた。これは中国の陰陽、あるいはゾロアスター教のアフラ・マズダとアングラ・マイニュ、あるいはホログラフィ（立体映像）の光線、またはその他いかなる二元論の相互作用の表現でもいいのだ。結局それらは、素晴らしい宇宙を体感する手始めに僕らが言い出す比喩、モデルなのだから。そしてそれができることのえもゆわれぬ豊かさにこそ、ありったけの敬意を表したい！　こうしたさまざまな要素やパーソナリティの和解の内に、僕らの魂の成長がある。古代の二元論的思考体系は、このことを知っていた。光と闇のバランスをとることで道が開けるという、その経験としてのプロセスだったのだ。

前途に横たわる課題に向けて準備する今この時、僕らは古代の知識と同化する方向に動いている。僕ら自身の幻影を手放して心から和解する時、その精神がこの星全体に広がる。僕らが二元という両極を結ぶ時、新たな現実が、つまり「本物の時代」、「神の時代」の三位一体性が、おのずと明らかにされるだろう。僕らが三つ編みのらせんの道で踊るのを学ぶその時、光と生命の時に入るだろう。僕らは真に惑星の魂のホストであり、担い手なのだから。この奇跡を、例えばホルスや、新たなミレニアムの子ども、その他といった、いかなる名で呼ぼうとも、そこに通う感情は同じだ。そして、全ての人種が共有するものは感情なのだ。

第1章
冥府の門番との出会い

黒と金の大蛇――〝リアリティ〟の本質とは

波高く、稲妻がとどろく中、僕は素人泳法の平泳ぎで嵐の三角波のまっただ中に泳ぎ入った。腕は疲れ、口から海水を溢れさせ、顔じゅうに水しぶきを浴びて、もう助からない……と思ったその時、この下のどこかにイルカがいることが脳裏をかすめた。この無謀な泳ぎに出る前に僕は見たのだ。あのイルカたちは今どこにいるのだろう？　彼らの助けが必要……？　脚がひきつり始めた今、願わくば、そしていつも信じてきたように、イルカたちは助けてくれるのだろうか？

話を少し前に戻そう……。

最初にイルカに出会ったのは四十一歳になったばかりの頃だった。ふり返ってみれば僕の人生は疑いようもなく確実に、この奇妙で必然的な出会いに導かれることになっていたようで、それは驚くばかりだ。

実際、それまでの経験は全て、その後の出来事に備えるための、念入りな準備だったと思えるのだ。それらを、できるだけ正確に述べようと思う。

一九六〇年代、僕は建築を学んでいた。そして、創造性と実用性の融合が素晴らしいと認められていた。この仕事で僕は、溢れんばかりの直感能力に出会うことになったようだ。それでも僕は、一つには家族と政府への義務を果たすために、もう一つの学位も取って、七年間という長い訓練を終えた。この研修の後期に僕が設計した建物は、僕の尊敬する最も大胆不敵な教授たちを除いて、実用的ビジョンを持つ全ての教授たちを唸らせた。ロンドンのリージェント・ストリート・ポリテクニック（訳注：大学レベルの総合技術専門学校）での卒業前年の「反抗の作品」は、教授陣ばかりか学生たちをも二分するようなセンセーションを引き起こした。それは、コンピューター化されたフィードバックプロセスとラップアラウンドの音響と視覚効果によって、視聴者に、はっきりとした覚醒の中で夢を見る状態を作り出すシアターを設計したものだった。僕はまだその揺籃期《ようらんき》にあったサイバネティックスを研究し、またコンピューターデザイン、神経学、目の動きと幻覚の心理学も学んだ。二十年前をふり返ってみて、自分を強烈に揺さぶった数多くの啓示の内、最初のものに火を付けられたこの概念が、すでに洗練されたものであったことに、今さらながら驚きを覚える。こうして〝見えない世界〟にふれたことが、当時僕が無邪気にも〝リアリティ〟と思っていたものの性質とその実体を根本から疑ってかかることになるきっかけになった。

それは、一九六三年の春のことだった。僕はジャズ歌手のアニー・ロスが催したロンドンでのアメリカ人社会の人たちが集まるパーティに招待された。後で考えればあまり賢明ではないが、友人と僕は、パーティに出かける前に五百粒ずつ、アサガオの種を飲んで行った。幻覚誘発性があるその種を飲んだのは、それが初めてではなかった。要するに、当時は六十年代だったのだ！　今では決してしないのは確かだが！

パーティ会場に着くなり、僕は猛烈な吐き気に襲われ、その家の寝室に入り込み青いループのじゅうたんに倒れこんだ。やがて吐き気もおさまって目を開けると、一メートルほど目の前に、黒と金という色をした大蛇がギラギラと目を光らせ、舌をペロッペロッと出しながらとぐろを巻いていたのだ。

蛇はゆっくりと体を伸ばして僕の方へ這ってきたが、僕は恐くて身動きができなかった。それは実にリアルで確かな感覚だった。蛇がその長い体をくねらせて進むにつれ、絨毯のループが二手に分かれるのも、その縦に光る瞳も見えた。その息の軽さも、その舌が僕の顔をもて遊ぶのも感じた。そして蛇はするりとした一連の動きで、僕の右目に入り込んだ。眼の奥でそれを感じていると、まだ床の上にあるその太い胴体が僕の中へ、ズルズルと、奥へ奥へと押し入ってきた。それから僕の喉へ、さらに胃の中へとねじり込んできて、そこにまるで永遠と思われるほどの間、とぐろを巻いていた。やがてするりと向きを変え、今度は大きく開いた僕の口を無理やりにもっと開かせて、頭から這い出して行ったのだ。僕はその後に続く記憶をシャットアウトしたようだが、僕の体が、蛇の家族が好きに出入りする蛇の巣となった記憶がどこかにある。

翌朝になると、髪の毛が白くなり始めていた。僕は二十三歳だったというのに。

僕に残った、いまだに思いかえす事も多い疑問は、あの蛇は果たして本当に幻覚だったのだろうか、だとしたら僕らが〝リアリティ〟と呼んでいることの本質とは何だろう？　ということだった。ある意味、僕はこの日初めて、〝冥府の門番〟に出会ったのだった。

南国の島のスピリチュアル・コミューン

僕の第二の転機となった出来事は、バハマのナソウのべたつくような気候の中で起こった。それは僕にとって最初の宗教的啓示であるが、その時までは全くの無神論者であったので、驚くべき出来事となった。

一九六五年、ロンドンで建築の勉強を終えて一年ほどたった頃、僕はある建築事務所で、大した満足感も得られないような、細かい図面を描くという仕事をしていた。そうした慢性的退屈さに魂がしぼんでいた時、大学の低学年の頃に友人だったロバートに、ふと再会する機会があった。彼は建築を三年間勉強したものの、興味を失くして、他のドラマーたちの後を追うようにして大学を離れていた。彼は僕より数歳年上で、建築学校に入る前に英国軍の国民兵役を終えており、人生経験も僕より豊富だった。哲学と心理学関係の本もよく読んでいて、僕らは即座に長年の友人ともいえる仲になった。だから、彼が大学を離れ、僕の前から消えたのは悲しいことだった。僕らはいいチームだった。たとえば大学の建築雑誌「ポリグラム」の編集者らと、当時の編集方針で合意できずに、発行一週間前に、一緒に全ての原稿を徹夜で書き換えるといったこともした。

その彼が今また、しかも新しい奥さんと二人で練り上げた自助精神治療法を引っ提げて僕の前に現われたのだ。実に新鮮だった。それは探究心の旺盛な六十年代だったのだ！　彼らは、僕が格好の実験材料になると考えたのかもしれない！

当時の僕は建築に飽きあきし、途方もない自己中心癖と、一つのプロジェクトの完成を見届けるのに必要な、際限なき集中力の必要性に辟易していた。時と場合が合ったというか、僕は無邪気にも、喜んで彼らの誘いにのった。

「ザ・プロセス」と僕が最初に呼んだそれは、僕の仲間も参加して規模も複雑さも膨らんでいった。僕らは聡明にして尊大なグループで、僕らの方法論が世界をとはいわぬまでも、必ずや僕らの住んでいる小さい島国、イギリスを大きく変えるだろうと信じていた。何と無邪気だったことか！　でも僕らは頑張った。ロンドンの〝言論の広場〟の箱の上に立ち、また、オックスフォード大学やロンドン経済大学でも話をした。どこでも口汚い反発に出会った。しかし僕ら、三、四十人ほどの固い決意で結ばれた若い男女のグループにとっては、それはいかに自分たちが正しいか、いかに世の中が欺瞞《ぎまん》に満ちているかを証明する手だて以外の何ものでもなかった。

それから僕らの大きな転機がやってきた。もし社会が僕らの理想主義的なおしゃべりに全く耳を貸さないというなら、そのナンセンスな社会を後にして、南国の島に自分たちのコミューンを作り、一からやり直す！　ということになったのだ。島、そう、そうだとも！　さてその島は何処に？　もちろんカリブ海だ。さっさと荷造りして、過去とはきっぱり訣別し、新たな人生を始めるのだ。家族や心配している友人とも永遠におさらばだ。僕は、宝物だった希少価値のある戦前のマーティン・ギターすら手放して、島への切符を手に入れた。全ての現世的なしがらみと決別することは、魂を清浄にすることだと自らに言い聞かせた。たぶんその当時ですら僕は、自分の人生を変える何らかの啓示を求めていたのだろう。

その時点では、グループの何人かは神を信じていたとしても、僕らは概して特に宗教的ではなく、あの蛇の体験にも関わらず、僕は自分の五感で体験できるものだけを信じていた。そう、僕は確かに、眼が覚めるような大変なことに立ち向かおうとしていたのだ。

そしてその夜がやってきた。僕らは、ナソウで借りていた古いコロニアル調の素敵な家の小さなテラスに、静かに座っていた。そのころ僕らは、もうすぐこの島で買うことになると信じて疑わないもののために、資金を補うべく地元で働いていた。

僕は何気なく目を閉じて座っていた。すると驚いたことに突然、強力な大波に力づくで飲み込まれた。恐さに目を見開いた。その大波は凪ぐ様子もない。僕は何とか息をしようと必死にもがいた。あちこちと投げ出され、巨石にぶつかりながら、もうだめかと思った時、大荒れの水面下の、ひんやりとした深い水の中に引き込まれた。その時、僕は溺れたのだろうが、それ以上の記憶はない。

それはほんの数秒のことだったかもしれないが、永遠のように感じられた。岸に打ち上げられた時には、友人たちに囲まれ、僕の目からは涙が怒涛のように溢れ出ていた。抑えようもない神の力に、僕はとうとう出会ったのだ！　宇宙に遍在する全能の存在は、全く疑いのないものだった。その存在を、体の全ての細胞、一つ一つで感じた。ずっと抗《あらが》い、そしてそれまで決して想像できなかったその存在の偉大さに、とうとう屈したのだ。僕はその後、三日間というもの、陶酔感に浸ってひたすら泣き続けた。

その否定し難い強烈な体験を振り返ってみれば、こうした超現実とじかに向き合わされたのは、それまで僕が、五感でとらえられないものを何一つ信じていなかったせいだろう。だが結局、その見えない何かというものはあり、それを僕は五感のすべてで受けとめたのだ。僕ははっきりと覚醒していた。その数年間はどんな幻覚剤も使っていなかったから、それは幻覚剤のフラッシュバックなどではない。圧倒的に否定し難いものだった。僕らの知覚能力の向こう側には、何か凄いものが存在するという事実を、僕は初めて知ったのだ。

その体験の後、僕は「プロセス」に十年ほど留まった。僕らはあちこち旅をし、メキシコ湾のユカタン沿岸に、とうとう僕らの〝島〟を見つけた。そこでココナッツや魚などを食べながら半年ほど暮らしていたが、最後は一九六六年の大型ハリケーン、「イネズ」に忘却の淵までやられた。僕らは神に導かれたと信じていた場所に留まって、嵐に向き合うことにした。すると、イネズは僕らが棲みかにしていた遺跡の高い壁を倒しこそしたが、すぐに海岸からほんの八キロほどのところに向きを変え、ベラ・クルズを襲った。これは信じるということの大きな教訓となり、それによってまたコミューンを、おそらく続けるべきだった以上に長く続けることになった。

それから三年間はヨーロッパ大陸を隅々まで旅して歩いたが、そこには僕らが何とかして広めようとしていた最後の審判の大惨害のメッセージに耳を貸す者は全くいなかった。時は六十年代後半、去り行く旧式への幻滅が霧のように重くのしかかっていた。ほとんどの宣教コミューンと同じように、僕らもその成功を、出会う人々の拒絶の大きさで測っていた。それは僕らの親の世代が体験したいくつかの戦争のように、重苦しくて味気ない時期だったが、振り返ってみればバイエルンの公園のベンチや、露に覆われたシシリーの広場での凍える夜という現実よりは、かなり楽しいものだった。僕らはお金も持たずに、着の身着のまま旅をした。神が僕らと、そしていつでもどこへでもついてきた大型のジャーマンシェパード犬を護《まも》ってくれると信じていた。その冒険は果てしない物語で、いろいろなことがあったから、それだけで一冊の本になるほどだ。でもそれはまだ準備期間だった。

七十年代初期までに、僕らはアメリカに戻っていて、時代はやっと僕たちに追いついたようだった。六十年代の熱狂と希望は慢性的悲観主義にとって代わり、とうとう僕らの、最後の審判の日のメッセージに耳を傾けてくれる人が現れるようになった。僕らは貧窮に追いやられた人々のためのスープ・キッチン（訳注：無料の食事サービス）、薬物・アルコール依存者のための解毒所、年寄りと知的障害者へのケア、囚人には音楽とシアターを……というふうに忙しく動き回りながら、社会の底辺で打ちひしがれ、落胆した人々を相手に働いていた。

そうしてまだ懸命に奉仕していたのだが、でも実際、心は底つき状態だった。そんな僕らを救ってくれたのはおそらくヒーリング（癒し）だった。手を当てるだけで痛みや苦痛がかなり和らげられることがわかって、僕らの中から手当て療法が自然発生的に出てきたのだ。奇跡的な回復すらもあった。おそらくこのために、つまり献身的でスピリチュアルなヒーラー集団となるために、これまでの全ての準備があったのかと思ったりもした。

この時点では、まだ自惚れもあったと思う。僕らは極めて効果のある、しかし目立たないセンターを国のあちこちに置いていたのだが、ニューヨーク市に一つにまとめて一番街、63丁目のところに大きなビルを買った。ただ場所を維持するだけでひと月に四万ドルも調達しなくてはならないような、身の程知らずの投資だった。これは絶対にまずいと、誰もが骨の髄まで知っていた。僕らのグループの意識の良い部分が暗い部分に食われてしまい、数人の野心のために、僕らは実に救いようのない状況に追い込まれてしまった。問題は、霊的なヒーリングとお金は融合しないし、すべきではないということだったのだ。

残念なことに、良い計画は失墜した。これまでしつこいほどに声を大にして説いてきた運命の破壊の日が、何と自分たちに襲いかかってきたのだ。僕らは一日に二十時間、何ヶ月も、ただこの立派な建物が持つみじめなステータスシンボルを、差し押さえ管財人の手から護るためだけに働いた。

臨死体験──完全なる癒し

こうしたことが起こっている中、僕はもっと驚くような次なる体験をしていた。僕は死んだのだ！　数年後、ムーニー女史とエリザベス・キュブラー・ロスの研究に出会うまではそれが何だったのかをよく理解できなかったが、それは僕にとって議論の余地のないものだった。

体調もくずした。軽度の肺炎にかかり、腰をやられ、何とか倒れずに持ちこたえるだけでいつもへとへとに疲れていた。毎晩三、四時間の睡眠でやっていけたらいいと思っていた。休日も週末もなかった。毎朝、何とか身を起こしては、気落ちしている五十人ほどのスタッフに笑顔をふりまき、もっと頑張れと励ます毎日だった。

ある晩、僕は倒れた。もう体がいうことをきかなかった。もうロバに鞭打っても無理だった。僕は何とか無理して一番街の〝怪物〟から、比較的平安のある49丁目の僕らの家まで這ってたどり着き、最後のお風呂に入った。もうこれで終わりだとは知っていたが、その先に何が待っているかなどは全く予想もつかなかった。

バスタブで体を伸ばしたすぐ直後、実に驚いたことに、僕は宙に浮いていて、自分の体がずっと下の方にはっきりと見下ろせたのだ。次に気がつくと、これまでの旅で見たどんな土地にあったものとも違わない、リアルな谷に自分がいるようだった。

僕の方に向かってモノレールが下りてきた。それは一両だけで、メタリックなボディが光るやつだった。すると不思議なことに、僕はモノレールの車内に、他の九、十人の人たちと一緒に座っていた。今でも彼らのことはありありと思い浮かべることができる。僕の真向かいには、素晴らしいトランペットの音楽を奏でる黒人の男が座っていた。

その時、僕はなぜか、僕らがみんな同じ時に死ぬのだと分かった。声が聞こえてきた。それはスピーカーだと思ったのだが、もしかすると僕の心に直接響いたのかもしれない。それはごく鮮明で明快で、これまで聞いたこともないような優しい声だった。

「あなたは死ぬのですよ」とその声は僕に言ってきた。

「でもあなたに選んで欲しいのです。このまま向こうに行くか……」

この時点で僕は下の方で、自分の体がバスタブのお湯の下にだんだんもぐりこんでいくのを見せられた。シンプルで痛みのない死……。

「あるいは、また生き返るか……。でもあなたはやるべきことはやり遂げたのですよ」

その声には全く何の含みもなく、実に優しくて思いやりに満ち、僕がどっちを選択しようと全く自由なのだということが伝わってきた。

僕はそれ以来、決して経験したことのない明解な頭でもってしばし考えてみると、心は僕がまたこの世に戻って来ることを望んでいるのが分かった。僕が決意を告げるのに、喜びの表現があまりにも強かったので、周囲からモノレールがパッと消えてしまい、また僕は宙に浮いたままの状態になった。でもこの時は、天使の一群のような存在たちが終わりなき壁のごとく、水平線の向こうまで並んでいるように見えるものの前にいた。そこは、後にも先にも決して聞いたことのないような音楽に包まれていた。その音の圧倒的な美しさに、僕はおかしくなりそうだった。

次に僕は、広大で平坦な原野の端に立っていた。僕の横、少し後ろ手の方には白い服を着た背の高い二人、あるいは単に光の存在といったものが立っていて、それはよく見えなかった。というのも、僕の関心は原野の中ほどにあるものに釘付けになっていたからだ。それはもの凄い建物で、あえてたとえるとしたら、極めて精巧な造りの、沖合いの油田掘削装置みたいなものだった。それは金銀に輝き、四隅には人と動物の顔があった。なぜだかそれは一定の動きをしていて、しかしそれ自体は動いてはいなかった。そのイメージを保ち続けることは困難だったが、その時僕は直感で、（預言者）エゼキエルがたいそう優雅に描写したものを見ているのだと分かった。

僕はこの広大な場所に導かれ、明るく照らされた部屋に通され、そこのまるで手術台のようなものの上に仰向けにそっと寝かされた。存在たちが僕の周りに集まって、優しく励ましの言葉をかけてくれた。ある装置が現れ、それが僕の体に装着されたのをぼんやりと覚えている。強烈な痛みの瞬間があったが、といっても本当の痛みではなかった。それはショックでもなかったが、その両方の感覚が混じったようなものだった。なぜだか僕は体中の血液が、まるで古い疲弊した命の液体が、一瞬のすばやい動きによって完全に入れ替わったように感じた。

その〝手術〟が終わった後で〝どこか〟へ連れていかれたことを覚えている。僕はいまだに、それが天国だったと認めることに少しためらいを感じてしまう。その最後の旅の部分は、意識的には全く覚えておらず、ただ、数年後にロバート・モンローの著書、『体外離脱の旅』に出会った時に〝天国〟という描写があって、それに似たような不思議な感覚だったことを思い出しただけだ。

次に覚えているのは、バスタブに座っている僕の体にゆっくりと降りて行ったことで、もうお湯は冷たくなっていた。タブを出て体を拭こうとすると、僕の体は完全に癒されていて、腰の問題は消え、まっすぐに立てるようになり、肺のどろどろした痰は消えていた。瀕死状態だった僕は、完全に癒され、かつてないほど元気になったのだった。

僕はコミューンを「フェイス基金」と改名し、さらに四年ほど取り組み続けた。一度もまともな財力は得られなかったが、債権者に追われるのだけは何とか免れていた。

この財政的建て直しの主な手段となったのは、スピリチュアルな成長に関する一連の会議、コース、セミナーなど、そして定期的な催し物だった。疲れていたニューヨーカーたちに様々な心霊関係の教育と娯楽を体系的に提供したのは、僕らが最初だったかもしれない。

会議は永続させる価値のあるもので、視野の狭い大半の学究分野が禁ずるようなやりとりから得た、多様な分野で活躍する膨大な知識を持つ専門家たちを集めた。テーマは多岐にわたり、代替医学、スピリチュアルテクノロジー、チベット仏教、ガン治療の代替アプローチなどだったが、世界の第一人者たちと親しく懇談する機会を得た僕は、それによって視野が大きく広がったことはいうまでもない。

しかしそれも終わりを迎える時が来た。よく「道で仏陀に出会ったら殺せ」と言われるように、一九七七年に僕もそうしたのだ。これまでの修行の準備期間は終わりの時を迎えた。グル(師)やらスピリチュアルなコミューンやら、あるいは何であれ、外に権威を求めるものに生命を捧げてきた者の多くがいずれそうするように、僕はやっと落とし穴から出て、心に住む聖なる閃きとのつながりを再び取り戻さなくてはならなかった。

そこからの三年間は困難な状況が続いた。宗教カルトを離れるのは、長年連れ添った伴侶と別れるようなもの、あるいはそれ以上に心が痛むものだった。僕はこのコミューンと十三年間、一日二十四時間、ほぼ年中無休で関わってきたのだから。

それまでひもじく禁欲的に、そして従順に生きるという、自分で自分に課してきた誓いの〝洗脳〟プログラムから解放され、突如として、自分は真に自由な存在なのだと認識し、目の前に多様な選択肢があることを受け入れるのに丸一年かかった。こうして解き放たれた者には、〝既成〟宗教体系の邪悪な性質が、よりいっそうはっきり見えてきた。催眠的とらわれ、罪悪感の操作、そして大半の聖職者階層による当然のような知識の専有化……。これからは自分自身の導きのみによって生きていこう！ という決意を、僕は新たにした。これはいろいろな意味で長くて過酷な教訓だったが、それがあったからこそ僕は、僕らみんなを待ち受けている自己統治の新たな次元へと準備できたのだと思う。

この解放の時期に、僕はニューヨークで、カラースライドや写真をすぐに出せるような状態で保存しておくシステムを売る、小さな商売を始めた。その数年前から僕はこのシステムを開発してきており、アメリカ株式会社に売り出すチャンスだった。それまでの経験の全てを考えてみても、これはまさに地に足のついた凄いことだった。それは僕が〝正常〟な人生に飛び込んで、人間の暮らしに大切なものを、再吸収していくチャンスとなった。
経済的には大変な時期だったが、商売は比較的うまくいき、三年以内にスタッフに仕事を引き継ぐことができた。

イルカ体験の始まり

この時期の終わり頃に、新たな道が開けた。内なる世界への旅によくあるように、カール・ユングが共時現象と呼んだ、意味のある一連の偶然に導かれていった。僕がしたことといえば、ジョン・リリーの「人間・イルカファンデーション」に加わっただけなのだが、その二週間で僕が目にするものはイルカだけになった。そして、ずっと何年も音沙汰のなかった昔の友人が突然、降って湧いたような、ニュージーランドのイルカセンターの話を持ち出してきた。彼女はイルカを産婆役にして、海中出産に立ち会うパイオニアだった。

次に、イルカの短い映画を二本観ることになるのだが、一本はまたしても偶然に、旧友のマイケル・ウィーゼが監督したものだった。もう一本はより学術的、調査的な色合いの映画で、短いながらも興味をそそられるものだった。マイケルの見事な水中カメラワークよりも、いろいろな疑問がもっと、僕の心をとらえた。それはイルカにはテレパシーがあるという重要な可能性に関わるものなので、できる限り注意深く語ろうと思う。しかしその前に、テレパシーとは何かについて語らねばならない。

単なる思考の転写、研究室でイメージを言い当てる実験は、どの科学者も言うように、まだそれほど説得力のある結果を出してはいない。ライン博士と彼の憐れなボランティアたちは、一九四〇年代の大半を、ただいろいろなシンボルが書かれたカードを無益に凝視し続けたが、全く何の結果も出せなかったのだ。もっと最近の別の実験結果は、それよりはいくらかはましだが、それでもテレパシーは主観的経験だということで終わっていた。

だが、虫の知らせによって危機一髪のところで九死に一生を得たという友人や親戚の話を聞いたことがない人は、まずいないのではないだろうか？　ただ直感に従っただけで、どうして分かったかといえば、テレパシーとしか考えられないようなことがどれくらいあるだろうか？

ギリギリの瞬間にしかはっきりとは現れないようだが、人類にテレパシー能力があることはやはり明らかだ。では人間は、過去にテレパシーを使っていたのだろうか？　大量の機械音と電気信号に囲まれて生活する中で、密かな囁きが閉ざされてしまっているのだろうか？　あるいは僕らは、テレパシーを正常な知覚の一つとして受け入れるようになる未来に向かっているのだろうか？

それにイルカはどうなのだろう？　彼らは驚くような音波とともに、何らかのテレパシーの知覚も発達させてきたのだろうか？　音波を発して異なる密度のエレメントを探知できるからには、常に動き続けるごく個人的な情報にも、そうできるに違いない。全ての哺乳類の腺の変化は、情緒的、身体的あり方の多様さを反映している。可聴音への対応が敏感なことで知られるイルカが、同類たちの状況を、僕らには不可解な正確さで計ることができるのは疑うべくもない。これがテレパシーなのか、単に鋭い共感意識なのかは、イルカのことをもっと知るまではわからなかった。テレパシーとは単に思考の移動のことだけをさすという考えをやめて、思考が〝移動する〟価値があるかどうかを決めるのは、その思考の性質と内容、その情緒的リアリティなのだと考えを広げて理解すればいい。そうしたら、寒い研究室で科学者らがいくら取り組んでも、何の説得力ある結果が出せない理由がよりはっきりするだろう。

さて、僕が観た二本目の映画だが、これはイギリスの海洋生物学者のホラス・ドブズのもので、テレパシー能力を実際に見せてくれるものとの出会いだった。

ドブズ博士は、小さな木製のサーフボードをモーターボートで引っ張った。女性の同僚とカメラマンがボートに乗り、まずドブズを引っ張ろうとすると、イルカのドナルドがどこからともなく現れて、ドブズを突っついて海に落っことし、ボードで遊ぼうとしたのだ。イギリスの冷たい海にドナルドが現れたこと自体、稀な出来事だったし、この科学者の考えた計画に、進んで〝協力〟しようとしたことも不思議だった。ドナルドはこうしてドブズのチームらと一緒に三年以上とどまったのだった。実に奇妙なことだ！　まるでイルカらが彼らとのリンクでも張ったかのように……。

映画の話に戻るが、みんなはボートに座り、ドブズは二百メートルほど離れた水中にいた。サーフボードに乗ったドナルドを数分間引っ張ったりした後、女性研究者はもうそろそろゲームは終わりにしてドブズを引き上げようと思ったらしく、「さあ、戻ってホ……」と言ったところで、「あら、ドナルドはもう向かってるわ！」と続けた。彼女がホラスという名前を言う頃には、ドナルドは実に、もうボートから八メートルほどの距離で、科学者の浮いたり沈んだりしている黒い頭の方に身を翻していた。

ドナルドが彼女の言っていることを通常の知覚で聴いたとは考えられない。まず距離が離れ過ぎていたし、彼女の声はカメラマンに向かってぼそぼそと言っただけだったのだ。それがイルカの習慣だったとして、つまり、いつも決まってボードにいる人のところに戻るものだとしても、言い終わった彼女の声のトーンには、まるでトランス状態を出入りして、心を開けっぴろげにしたところをつかまえられたかのような、もろさとはにかみが奇妙に入り混じったようなものが感じられた。

その時から僕は、映画ではあえてコメントもなかった、この不思議で小さな事件のことをあれこれと考えることになった。そこには奇妙で不可思議な神秘があることを、僕は直感的に感じていたのだ。

僕の人生に突如としてイルカが現れたことについて考えを巡らせていると、いっそう不思議な偶然がいくつか起こった。

僕のパートナーの友人らがフロリダから電話をしてきた。僕は彼らに会ったこともなければ、彼らも僕が最近クジラ目《もく》に興味を持っていることなど知らなかったのだが、話の中で、彼らが海に出かけると、イルカが必ず大きくジャンプして、ボートを飛び越えると言ったのだ。パートナーが、彼らの興奮をわざわざ僕に伝えるからには、彼らにもそれは比較的珍しいことだったに違いない。偶然として片付けるには、それはあまりにも出来過ぎていた。彼らは遊びに来るようにと、僕ら二人を誘ってくれた。それで僕は、イルカなどのクジラ目《もく》について一週間の詰め込み勉強をした。

驚いたことに、こうした動物たちについてはほとんど何も知られていないことが分かった。もちろん、いろいろなことが書かれてはいるが、同じことの繰り返しか、あるいは検死に基づいた解剖学的データの集積だった。ジョン・リリー博士はこの分野で知られた第一人者だが、彼の業績はイルカと機械的な方法で話そうとし始めたあたりから行き詰っているようだ。彼も捕獲イルカに取り組んでいたが、捕えられていることのトラウマによって、イルカの繊細な脳機能が損なわれる可能性を、僕はすでに感じていた。本で読んだのだが、海にいる野生のイルカの中には、境界の概念がなくて、閉じこめられたタンクの壁に体当たりして死ぬものもいるという。

陸にしがみついてばかりいる僕らと違って、イルカは三千万年以上の、身体的自由の歴史があるのだ。三次元での自由もだ！　飼育されているイルカたちでさえも、小さなプールに閉じ込められるまでは、身体的境界の概念をほとんど持っていないことは十分に考えられる。だから、この分野でのより革新的な研究の多くは、無理強いされずに自分から近づいてきたドナルドのような野生のイルカで行われているのではないかと、僕は思った。イルカの知性の質に関するいかなる推測も、結局は彼らの素晴らしい、大きな脳に焦点を当てていかねばならない。進化の設計プロセスが、単なる気まぐれでこうした複雑な器官を与えることはありえない。それがあるのだから、イルカはそれを使わなくてはならないのだ。でも、いったい何のために？

専門家の中には、三次元での動きは、より複雑な神経系統の働きを必要とすると主張する者がいる。これは大筋のところで正しいと思うが、鳥は、よく知られた、例の〝ニワトリの脳みそ〟で実にうまくやっている。また、非凡な記憶力のことを言う者もいる。クジラの歌は長くて複雑で、まるでイーリアスの長い叙事詩のようだと、ある番組でカール・セーガンが言っていたが、それだけでなく、音素を少しも違えずに完璧に繰り返すのだ。問題が少し脇道にそれるのだが、クジラは何を歌っているのだろう？　それは、天気予報以上の何かであることは確かだろう！

ジョン・リリーの特記すべき業績に続いて、僕はフローティング・タンクでの体験をした。イルカとよく似た状況にもっと気づくようになったことで、〝体外離脱〟の領域をも垣間見ることになったのだ。体を離れる体験が、現在の科学的標準によって信憑性を得ているかどうかはともかく、それは確かに主観的リアリティであり、従って内なる世界への旅に対応するのに必要なだけの、複雑な神経が要る。果たしてイルカとクジラは、三千万年という長い並行宇宙次元を旅することに熟達しているのだろうか？　旅の達人らは好きなように体を離れ、内部亜世界の周波数で生きているものたちと話し合うのだ……。

五つの疑問

お分かりのように、一九八一年のある暖かい秋の日に、フロリダ州タンパに向けて僕らが旅立った時、僕に大きな先入感がなかったわけではない。僕は文献を漁り、知性ある繊細な感覚の持ち主でありながら、僕らの意識と全く異なるものたちに出会うための準備をしていた。もし僕らの間に分かち合える部分があれば、そしてもし、新しいイルカの友人らが僕が推測していたことのたとえ半分でも意識的な知性を持っているのなら、スムーズな会話ができて当然だと思ったのだ！

それで僕は、次の五つの質問を考えた。五番目のような地球一般に関するものや、より個人的な興味に関するものなどだ。秘教の伝統では、これらの質問を心の中で一日、二日考え、あとはただ考えるのをやめるのだが、僕がフロリダに持って行った質問は以下のようなものだった。

一、イルカはどうやって、暴力や、生存のための捕食に向き合っているのか？

二、イルカのような複雑で洗練された共同体は、テクノロジーといったものも持たずにどうやって病気に対処しているのか？

三、複雑で洗練された共同体は、器械や本などのシステムなしに、どうやって継続していく感覚を保てるのか？

四、イルカはどうやって、仲間の個体数のバランスをとっているのか？

五、ＵＦＯがしょっちゅう海に出入りしているのが報告されているが、イルカは果たして彼らと接触したことがあるのだろうか？

第2章
イルカとのテレパシー交信

サンドダラー

共時現象と自然のサイクル

フロリダに到着した僕とパートナーは、最初の週末を友人宅で、ゆったりとおしゃべりなどしながら、ニューヨークでの精神の疲れを癒していた。ボートで少し海に出てみたが、イルカがいる様子はない。天候が怪しくなってきた。

日曜日になって、近所の子どもが家の裏手にある小さな湾で、三頭のイルカが泳いでいるのを見たと言った。これも珍しいことらしかった。僕らが話していたところから、約九メートル以内に来たことになる。これが僕らの最初の微かなコンタクトだった。

ありがたいことに、友人らは自分の家から数キロ離れた贅沢な四階建てコンドミニアムに、僕らを泊めてくれた。そこからは長い、ゆるやかなカーブの白いビーチが見下ろせた。週末が終わると、僕らは自分たちで冒険を始めた。

いつ、どこで、どうやってイルカが現れるかも知らず、ただできるだけ直感に従うことにした僕らは、ゆったりとリラックスして、朝ののんびりと泳ぎに出た。

ディズニーワールドのサン・シーザーホテルの方に向かって、ビーチを散歩し始めた。その継ぎ目のないピンクの尖塔は、西南の海岸線の埋め立て地に、まるで太陽崇拝者らのモスクのようにそそり立っていた。

すれ違ったブロンドの中年女性が、湾で頭をちょこちょこと動かしている何羽かのペリカンを指差しながら、イルカがペリカンが狙っているのと同じ魚の群れを追っているかも、と言った。そして、「それにイルカがいる時は、サメはまずいないのよ」と、僕らを安心させるように付け加えた。こうした地元に伝承する知恵が、より広く知られるようになっているのは嬉しいことだ。

百五十メートルほど先の、モスクよりずっと手前のところで、僕らは砂の上に座った。パートナーはこの地点で、イルカの存在を感じ始めたと後で言った。その場所に座るよう、〝ひかれ〟たようにも感じたらしい。砂浜には数十羽のさまざまな鳥たちが、食事の合間の羽休めに、僕らのいる海の方に、ゆっくりと行きつ戻りつしていた。太陽が藍銅色の空に輝いていた。風もほとんどなく、水面はしっとりとしておだやかだった。

僕らは歩いて、また湾の中へゆっくりと入って泳いだ。一分半もしないうちに、六十メートルほど離れた浅瀬で、二頭のイルカが餌を食べているのが見えた。それは、海から見た最初の野生のイルカであり、僕はその一瞬で、喜びと感激のあまり涙が出た。僕らはイルカに向かって泳ぎ始めたが、彼らも僕らから同じ距離を取り続けていることに気づいた。

パートナーは泳ぐのをやめ、合気道の原理のように、押したら引いてみればイルカがついて来るかもしれないと期待して逆方向に泳ぎ出したが、イルカたちは動かなかった。

その時僕は、イルカたちと僕らの間の距離、約二十メートルを、イルカがどのくらいの速さで泳げるのか、あえて意識で挑戦してみようと強く念じ、数え始めた。一、二、三……四……五……六……、すると、僕のすぐ後ろで大きな水しぶきが上がった。パートナーはメガネをかけていなかったけれど、目の隅の方にネイビーブルーがチラッと見えたらしい。

その動きはあまりに素速く、全く予期できないものであり、僕のテレパシーの挑戦にイルカが応えてくれたのだとチラッと思った僕は、背筋がゾクッとするのを感じた。でもすぐさま、それは大きな波が来ただけだったのかも（海は全く凪いでいたのだが）という、いくらかましな理性によって打ち消された。

すると数秒間の沈黙があり、イルカはまた二十メートル離れたところに再び現れた。まあいいや、と思い、とにかく彼らが餌を食べているところに泳いで行ってみようと思った。さて、僕は豪腕の泳ぎ手ではないし、その考えはすぐに難しく感じられた。イルカの方も距離をずっと取ったままだし、やがて足の下には海底も見えなくなって、腕も痛くなってきた。寂びれたジャマイカの海岸に住む、年老いたラスタファリアン（訳注：ラスタファリ＝元エチオピア皇帝を神と信仰するバハマ地域の黒人らで、アフリカへの復帰を唱える）らの出所の怪しい話を思い出して、気持ちを落ち着けた。毎朝ラスタたちは、自分の力尽きるまで遠くへ、まっすぐ泳ぐという。そうしてそこからまた泳いで戻るのだ！

その泳ぎの経験を思い出すと、僕はこの時、イルカとのいわゆるテレパシーの交信状態に入っていたのだと思う。イルカが溺れかけた船員らを救うという考えがチラッと浮かんだのだが、それはどこか別のマインドから出ていたもののようだった。僕が発したのは思考ではなかった。すぐにイルカの、僕を救いたい、彼らの親切さと得意技の両方を示したいという感覚が伝わってきた。

僕はパニックに陥るまで泳がねばならなかったのだろうか？　そういう劇的な犠牲行為をするのはあまり気乗りがしなかったので、他の方法でコンタクトをとり合おうとテレパシーで伝えようとした。

そうするうちにも、おぼつかない泳ぎ手には相当な距離の、海岸線から百三十メートルほども離れて、僕の腕の力はかなり弱くなった。溺れないことは知っていた。なぜなら僕がパニックになれば、イルカらが救いに来ると思えるからだ。

さて、その思考はどこから来たのだろう？

僕は背中を返した。贅肉の浮力に恵まれたことがない僕の脚は、沈み始めた。

すると驚いたことに、脚が海底について立つことができたのだ。海岸からはまだ離れているけれど、浅瀬に乗れるならいい。そこで僕は自分のアイディアに満足して数分間休んだが、イルカによって注意深く入れ知恵されていることには、まだ気づかずにいた。

僕はイルカらの後に続いた。今度は海岸を振り返った時に見つけた、二つめの温かい浅瀬を歩いた。二つの浅瀬は両方とも、海岸線に並行した細長い形をしていて、自分はさっきこの最初の浅瀬の上を泳いでいったに違いないのだ！

イルカは海岸の方向へ向きを変え、僕はもう少しで小さいゴムボートの上に乗りかかるところだったが、そこで二人の男と少年が、貝拾いのダイビングをしていることに気づいた。僕はあまりにイルカにばかり気をとられていて、急に人に出会って心底驚いた。

水中から現れた少年が、平たくて茶色っぽい直径十センチほどの丸い貝を手にしていた。それはサンドダラーだと少年が言った。ウニの仲間であるその漂白されたものは、友人のアパートで何かを知らずに見た記憶がある。

男の一人が、この貝の模様が強く持つ宗教的意味を説明し始めた。片面にはルシファーと悪魔の五辺形の星を、もう片面にはポインセチアと、そして彼が言うにはキリストの傷であるという深い裂け目。

次に何が起こったかを鮮明に知っている僕としては、申し訳ないが読者の意見をとりあえず棚にあげておいていただくよう、お願いするしかない。テレパシーの結合の瞬間はあっという間で、間違ってもそれは言葉によってではない。しかしもし読者にその経験があれば、それが本当で、ある問題を明示していることがお分かりのはずだ。

これはそんな瞬間だった。僕は両手にそのサンドダラーを持って立っていた。海が陽光にキラキラと輝いていた。僕は一瞬の黄金の閃《ひらめ》きで、イルカが僕をこの場所に導いてくれたことが分かったのだ。その時、直感的に僕は、限りない知性を持つ種とコンタクトしていたことを知った。彼らは実際、その大きくて活発な脳を使って、進歩した、いやそれどころかテクノロジーの熟達した社会を生み出したのだ。

有機的コミュニケーターと生体音響ホログラフィー

いろいろなイメージが何層にも折り重なって、代わる代わるビジョンが浮かんできた。僕はイルカが手も、ものをつかむ指もなく、音波を調節することでものを作るのを〝見た〟。生きた原形質を音波で作動するホログラムに重ねることで、彼らは情報を保存し、生きた有機体からそれを取り出すことができるのだ。一番分かり易かったのは、たとえばオウムガイをイルカの〝本〟という有機的コンピューターとしてとらえ、適切な信号で取り出すまで、そのひとまとまりの情報を保存しておくと考えることだ。

サンドダラーだが、僕はその表面の模様が、砂と金属、あるいはガラスのプレートとの簡単な実験で得られるものと実によく似ているのが分かった。もしバイオリンの弓をプレートの端のところでやさしく弾いたなら、砂は振動の後、今僕の手の中にある固まった模様とよく似た、対称的な模様になるだろう。

その啓示的な思いつきはあまりに強烈だったので、本能的ひらめきを妨げるいかなる知的機能も無力だったようだ。僕は、イルカが僕らと同じく体外記憶装置を発達させていることが分かった。彼らは自然と同調して、装置を発達させ、形作っていったのだ。

僕はまた、見たものが本当であると信じるしか、これを証明する手立てはないことも知っていた。僕が見せられたものは、西洋の科学的思考能力をはるかに超えたものであった。

当時認識していなかったのは、イルカが僕の五つの質問に答え始めていたことだった。

僕がサンドダラーを手に、天啓の念に打たれて立ち尽くしている間、パートナーも追いついてきた。彼女もまた自分なりの冒険をしてきたのだった。彼女は百メートルも離れたところにいる僕に、何か劇的なことが起こっているのを見ていて、自分が少しばかり取り残されたように感じたと言った。その時、彼女はヒラヒラ、スイスイとやってきたヒトデの群れに囲まれていた。彼女が方向を変えてもヒトデはついてきて、髪の毛に飛び跳ねたり、顔にキスしたりしていた。僕らはこれにもイルカがかんでいるのだろうかと思った。ここまでいろいろと見せられれば、もう何の不思議もないという思いだった。

直感に従うことにして、僕らは新たに見出した生物学的コミュニケーションの道具である、サンドダラーを高く持ちあげ空にかざした。午後五時くらいの太陽だった。僕らは二人とも空腹になっていたので（おそらくイルカが餌を食べていたことと関係があるのだろう）、次に友人たちと会う時間を決めたかった。

サンドダラーは、午後ずっと僕らのところにあった。僕らがイルカのリアリティにもっと添うようになっていたから、少なくともそれは、刺激ある精神測定の役目を果たしたに違いない。それは凄いゲームだった。まず僕らのどちらかがサンドダラーを手にして、陸上の何かをそれに〝見せ〟、もう一人がそれに話しかけ、おしゃべりをしていく中で、〝それ〟に絞り込まれていくのだ。

このプロセスを通じて、僕らはイルカがリアリティを知覚する多くのやり方がはっきり分かった。イルカは、木や植物のような有機体と少しも違わないのだ。でもサンドダラーを金属やガラスに当てても、何も通じ合わないという強い感じを僕らは持った。イルカの超音波は、明らかに非有機物質を形造るほどには強力ではないようだ。だから、人工物の多くの性質が、彼らには分からないのだ。そして僕らと同じように、文化的催眠に弱い傾向があるようで、知覚困難なものは受信できないようだ。

午後四時までに、イルカに出会えると思うところにボートで連れていってもらう約束は反故になった。だが、サンドダラーを同じように使って、友人の家のすぐ後ろの入り江が彼らの溜まり場であることをつきとめた。

前もって合意していた太陽の位置に近くなった時、僕らは湾に張り出している防波堤に座って、黒い体が飛び跳ねるのを見届けようと目を大きく見開いていた。

数分のうちに、僕らの後ろに巨大な雷雲ができた。すると空が暗くなり、濃い黄土色の塊の、雨まじりの突風が吹いた。その迫力と突然さに驚きながら観ていると、嵐は二つ、そして四つと分かれていき、それぞれが僕らの周りを踊っているようだった。しかしこのダンスの真ん中にいる僕らのところには、一滴の雨すらも落ちてこなかった。

この壮観の数分前、僕らは防波堤に座って太陽を燦々《さんさん》と浴びながら、友人宅の三歳の子どもに、オードボーンの水中写真の本を見せられていた。それも不思議だったのだが、彼は何も言わずに家に行き、自分の背たけと同じくらいの大きな写真集を抱えて出てきたのだ。そして僕らにその本を見るようにとしつこいほど言った。すぐに嵐が来たので、僕は本が濡れないように、自分のジャケットをさっと被せた。

あっという間に嵐になったように、あっという間にそれは去っていった。そこで、本をまた取り出した。するとどうだろう、それまでは気づかなかったのだが、表紙全面にイルカがやさしく笑っていたのだ。

これは、僕らと会う約束を守る彼らの憎いやり方だったのだろうか？　彼らのレパートリーには、天候を変えることも含まれるのだろうか？　夕陽の中、僕らはまた新たな興味を持って本のページをめくった。見事な形の光るクラゲは、まるでこれ以上ないほど華やかなバロック様式のランプのようだし、この惑星で最も腕のいいアーチストが手を入れたのかと思われるような実に多様なサンゴの礁《リーフ》は、「暴風雨による破壊から島を保護している」と説明してあった。これはおそらく、イルカがその下でしていることなのかもしれない。

読み進むうちに僕らは二人とも、ますますイルカの造形物を見ているような気がしてきた。海はクジラ目《もく》のアートの匂いで一杯なのに、そのことを人間は全くわかっていないのだ。イルカがこの三千万年もの間に創り出したのかもしれない、この真に優美で共感を覚える、複雑で遊び心に満ちた文化のことを思って、僕らは深い喜びに包まれた。イルカは生物科学として高水準の技術的ノウハウを持っているばかりか、それを果てしなく巧妙で創造的なスピリットと組み合わせているのだ。

内なる旅をする中では、思い切って何かをしなくてはならない時が誰にでもある。不可知論者は、こうした思い切りができずに五感の方を信じ、それに甘んじているのだ。だが今回は違う。僕らは他の生物の生き様を、さまざまな体験を通して教えられ、見せられたのだ。もちろんそれは全て、僕らの想像の産物に過ぎないともいえよう。しかし、かなり後になって分かったことだが、まさにこの想像を通してこそ、僕らはより精妙な領域からのコンタクトに応えることができるのだ。そしてそれを僕らがどう感じるかが、コンタクトにおいて最も確かな指針なのだ。

僕の内なる客観的科学者は、より詩的な傾向のある〝直感〟に席を譲るようになった。ありがたいことに、イルカが地上の兄弟たちと共鳴し、オープンに交換しようとしていることが、そんなインスピレーションの瞬間に分かった。またイルカは、僕らと交わしているようなコンタクトを通じて、多くの社会的、芸術的、倫理的、生物学的なものにおける、ロマンチックなコミュニケーションスキルを示し、それらを僕らと分かち合いたいと一心に願っているのだ。彼らの目的？　それは協同作業によって、この地上、全ての生命形態の種における、意識的な代表をつくることだ。

翌朝、午前中はどこにもイルカは見当たらなかった。最初にイルカに出会った後からは、僕らができること、可能性などをわざと考えないようにしていた。変な自意識のようなものを出したくなかったのだ。それは、彼らとのテレパシーによるあらゆるコミュニケーションを妨害するのが分かっていたから。

お昼頃、僕らはビーチの〝僕らの場所〟に歩いて行き、敷き物を広げて座った。数分のうちに、そこにはアリがむらがってきたから、どうやらそこは僕らのいるべき場所ではなかったようだ。それは、僕らが滞在していたコンドミニアムに、さらに五十メートルほど近い場所だった。しかし、場所を移るという考えを押さえて、僕らはアリに僕らのタオルに近寄らないでくれと、できるだけうまく説得を試みた。

アリの目当ては、僕らが持ってきていた昨日のサンドダラーだった。それを日陰に置くと、数秒のうちにアリがたくさん群がった。おそらく、その匂いにひかれてのことだろう。それ以外では、サンドダラーの表面にそんなに長くとどまるアリなどいはしないだろうから。

結局、アリはイルカのような水中動物にとって全く目新しいものであり、もし、今アリが群がっているサンドダラーが発している音波を、幸運にも聴くことができる生物学者がそこにいたなら、彼にとってそれは新たな感覚だっただろう。

僕らはそれから、暖かい湾で水浴びをした。風がかなり出てきて、水面が波立ち、騒いだ。でもイルカは見えない。魚も鳥も見えなかった。僕らは楽しい感情がどこかにいる僕らの友だちに届くと思い、ふざけあって遊んだ。抱き合ってキスをした。やさしく、そして楽しく愛し合う、僕らの周りで水が揺れた。

サン・シーザーホテルのマジパン（訳注：アーモンドと砂糖を混ぜた粘土状のもので作る砂糖菓子）の尖塔が、遠くに色褪せて見えた。まだイルカはいない。イルカに遊ばれているなという強い感覚がした。イルカは何でも遊んでしまうようで、それが彼らの特技だ。

僕らはよろめきながら、やっと岸に上がった。さっき場所を移ろうと思ったところは実際、かなりいい場所だったことに気づき、持ち物全てをさらに五十メートルほど移した。僕は例のサンドダラーをアリに残し、草の生えたところにある、缶ビールのタブが乗った別のサンドダラーを手にかざした。そうしながらさっき、イルカと金属のことを考えていたことを思い出した。イルカは、金、銀、鉄、その他自然のものの何たるかを確実に知っているようだが、そうした金属を人間が火を使って合金することが、彼らには不思議でしかたがないのだ。僕らがもともと選んだ〝パワースポット〟にゆったりと座ると同時に、すぐにパートナーが岸から十メートルほど離れたところに飛び跳ねる二頭を指差した。大小のイルカが同時に、昨日よりもずっと高く水面から飛び跳ねたのだ。やはり確かに、僕らを視ていたのだった。

僕らを無視、素通りしているのなら追いかけはすまい。それに、彼らは通り過ぎずに、その付近に留まっている。それならやつらを追いかけてみよう!

僕が必死に海に泳ぎ出ていく頃には、彼らはもちろんいなくなっていた。今度は溺れたふりをした(そうしながら僕は本当に溺れそうになったのだが!)。でもイルカの姿はどこにもない。してやられたと思ったが、懸命に脚をバタバタさせ、大声を出して……。それは我ながら実に滑稽に思えた。

落ち着いてくると、別のサンドダラーをつかみたいという衝動が湧いた。それは唯一、壊れていながらもまだ生きているものだった。そしてそれを〝半分に折る〟という考えを受け取ったような気がした。するとまた、僕が親指があってものをつかめることで、何者かが僕を使ってそうさせようとしているという、不思議な感情がわいた。しかし、その印象はすぐに消えた。

僕は少し波に逆らい、勢いをつけて浅瀬伝いに海岸線まで戻った。イライラをサンドダラーにぶつけてどなりつけたことを思い出し、そんなふうに真剣に話しかけていたことが少し滑稽に思えた。イルカにすっかりはめられていると思った。実際にイルカと一緒に泳いだり、触ったりできたらどんなにいいだろう！

少したってまた別の嵐が来て、五キロほどのビーチには僕ら二人を除いて誰もいなくなった。稲妻が周り中に轟き、雨が風に巻かれて散弾のように打ちかかってきた。僕らは即座に水に戻った。一瞬、雷が落ちたらと懸念もしたが、まあ、なるようになるさと思った。

僕らは水位が上がっていく波の中で、ぴったりくっついていた。冷たい雨粒と比べて、海の水は温かかった。僕らはお互いにひっつきながら、引き潮の引きを感じる中、二つ目の砂洲を目指し、やっと無事にたどり着いた。イルカの気配はない。

「全くもう、もう少しで死ぬところだったよ！」とイルカに向かって嘆いた。

こうなったらまた愛し合うしかない。結局、イルカに近づいて来てもらうのにすることといったら、これ以上いいことはないではないか！

嵐はゆっくりと、そして生暖かく去っていった。すぐに太陽が、きらめきながら降り注いだ。小雨が、虹のような広いゆらゆらとしたカゲロウの中で、光って見えた。虹とイルカ。イルカと虹……。なぜか秘教的な組み合わせだが……。

いくつかのイメージが次々に浮かんできた。いろんな記憶とか新たなイメージとか……。小さい雲に念を集中すると、それが散ることを思い出した。イツァーク・ベントフが著書〝Stalking the Wild Pendulum〟で書いているように、よくあることらしい。不思議と思われるかもしれないが、本当にそうなるのだから、読者も試してみられるとよい。ただ心を落ち着かせて、小さな雲を選び、それに暖かい念を集中する。すると、三十秒もたたないうちに雲は小さくなって消えていくだろう。意識が天候に影響を及ぼすという、明らかな例である。

寂れたフロリダ湾に胸までつかって立っていると、昨日、一瞬浮かんだイメージの確認を受け取っていたことに気づいた。イルカは、本当に天候のコントロールに関わっているのだ。僕の取るに足らない意識でさえ、雲を消すことができるのなら、もっと幅広い能力のあるイルカは、いったいどれほど天候をコントロールできるのだろうか？

その夜、僕は次のように日誌に書いた。

「僕はまたしても、誰かがしている将棋の歩であるかのような感覚にとらわれた。まるで言葉が僕から搾り出されるような、誰かがコミュニケーションを図ろうとしているような、圧倒的な感覚に打ちのめされた。

もし望み通り、イルカの近くにいられたなら、果たして同じようにテレパシーのイメージを受けていただろうか？　彼らの近くまで泳いでいけるという約束をエサに、まるで彼らの知能テストを受けているみたいだ……」

その後、ある小さな出来事が起こった。もしそれが別の状況下で起こっていたなら、かなり驚いたことだろう。

夜トイレに行って小用をたし、ドアの取っ手を引く直前に、ふと便器の脇にくっついた血の斑点に目が行った。かがみこんでよく見てみると、それは十センチほどの細い糸の一片で、血と精子が混ざったようにも見えた。その繊細な糸は、僕が触るといっぺんに壊れた。僕はちょっとギクッとして、最近読んだ、アーノルド・マンデルの睾丸ガンの記事のことを思い出した。

不思議なことにその思考は、浮かんではイルカが僕に何かをしてくれたのだという予期せぬ喜びと確信の感覚と共に、すっと消えた。僕はこういう経験はしたことがなかったが、不思議と心配はしなかった。翌日、その理由が分かった。


翌朝、僕らのコンドミニアムから、湾で泳ぐイルカの姿が見えた。イルカは僕らを待っていたのだ……。

僕らは一緒に出かけて行くかどうか、考えてみた。彼らは賢いマジシャンだから、僕らがビーチに出たとたんに、姿を消すかもしれない。でも今、イルカがそこにいることは確かだ。今日という日はいったい、何が待ち受けているのだろう?

そうこうしながら、二人で水辺に出てみた。湾は温かく静かだった。最初の砂洲の手前の深くなったところでゆったりと泳いでいるうちに、いつの間にか僕らは二人の関係についてかなり深く話し合っていた。どのカップルもすることではあろうが、僕らのは少し違っていた。まだ完全には理解できていないのだが、話し合うにつれて、僕らの意識が拡大していくのが分かった。まるで急速に何らかの外部の力が、より高い波動で入ってくるような、ハイになるのにも似た不思議な感覚だった。いくつもの複数の自己がそのまま在るような、神話的人格の感じが伝わってきた。実際、こうしたいくつもの自己や、神より与えられた基本的な人格が、玉ねぎの皮のように幾重にも重なっているのだろう。はっきりとそのことが分かった時、僕らはみんながいかにして互いに宇宙の歴史に深く関わっているのかが、そしてそれぞれが果たす役割が、分かったような気がした。

その時、イルカが例の五つの質問に答えてくれているのが分かったが、それにはイルカ独自の味付けもされていた。イルカは、良い先生がよくするように、僕らに直接経験させてくれたのだ。

例の三番目の質問（イルカの造形物に関するもの）への答えはサンドダラーだった。イルカは音波を使って、生物学のライブラリーを作ることで継続性を達成したのだ。この非凡な能力は、他にはどんなところに使われるのだろうか？

イルカによる超音波手術

その時、前の晩のイメージがパッと心に浮かび、〝睾丸ガン〟という明白な、しかし短いメッセージが届いた。その真実に打ちのめされると同時に、僕は笑い出した。もちろんイルカが僕の睾丸を超音波で〝撃って〟くれたのだ！　僕は彼らの簡単な超音波手術を受けたのだ。僕は完全に治癒されたのだった！

これを証明する手立てはないが、僕はもう、誰の意見も不要というような意識状態にあった。この超音波だが、イルカは病気を治したり、産児制限をしたりするのにも使うようだ。すると残りは、補食と敵意の質問だけになる。イルカがサメを追い払い、時には口で突いて殺すこともあると読んだことがある。時々サメと衝突する以外に、イルカには僕ら陸の動物たちが口論やけんかをするのに似たようなことが、果たしてあるのだろうか？

おそらく次の少し信じ難いやりとりが、人間との出会いの力学を何らかでも示してくれると思う。

僕ら二人は、満ち足りた気分でゆっくりと砂洲から上がってきた。イルカは見えなかったが、近くを泳いでいることは分かっていた。ふとパートナーが、ふくらはぎのあたりがやんわりと引っぱられるのを感じたという。その感覚は実にはっきりしていたから、僕が二メートルほど離れているのを見るまでは、彼女はてっきり僕がふざけてそこを触ったとばかり思っていたようだ。

水上スキーヤーを引っ張った小さなボートが、僕のそばを滑って行った。ずいぶん近いなと思ったけれど、まだうっとりとしていたので気にもかけなかった。

ボートはまた戻ってきたが、万が一僕に気づいていないことも考えて、乗っている二人の若者に笑顔で手を振った。全く反応がない。また手を振ってみたが、僕を見てはいるけれど何も反応なし。もう一度やってみたが、渋い顔で睨みつけられただけだった。そこで僕は中指を立てて、パートナーのところに戻った。

まもなく、そのボートが急角度で折り返し、僕たちの方に突進して来るのが目の隅に映った。操縦している若者は、僕に向かって何か大声でわめき散らしている。明らかに彼は、僕の中指が気に入らなかったらしい。

僕は謝ろうとした。彼らが全く反応を示さないからイライラしてやっただけで、別に衝突を望んでいたわけではなかったから。

若者は僕の謝罪を受け入れるどころか、全く聞く耳を持たなかった。相当キレているらしい。彼はボートを僕らの近くまで寄せ、大声で罵倒しながら、かがみこんで僕の頭を殴った。彼の友達がもうどうしようもないというふうに僕を見ていた。そして何故かは分からないが、僕にボートに乗れと言う。おそらくそこでもっと殴るつもりだろう。

なんだか妙に鮮やかで、現実離れしていた。彼らは水に降りる気はなかったようだ。けたたましくエンジンをかけて、僕の〝ヤンキーのやり方〟を罵《のの》りながら去って行くまでのその五分ほどの間、僕は自分でも驚くほど落ち着いていて、自信に満ちていた。

この生々しいやりとりの最中にも、僕はこの全てがイルカのために、というか、イルカによって御膳立てされていたことに気づいたのだ！

僕は深い後悔を感じ取った。イルカはあんなにも平和を愛する生き物だから、たとえこんなささいなことでも、相当な痛みを感じたに違いない。それにイルカは、真に敵意とか争いとかを解さないことも分かった。彼らの相互依存が、そうしたことをなぜか除外してしまうようだ。僕ら人間が、よく考えることもなく互いにぶちまけ合っている理性なき憎しみは、普通のイルカの知覚範囲には入らないようだ。

その時、僕はイルカのものの見方を垣間見たような気がした。僕らとコンタクトをするのに、なぜそんなに念入りなやり方をするのかも。彼らは人間の性質というものに、折り合いをつけ始めているのかもしれない。何しろ、僕らを理解するには、ごく基本的なところの適応をまずしなくてはならないのだ。僕らとコンタクトするために、ネガティブな〝情緒的な波頭〟をも受け取れるよう、受信網を広げているのが分かった。この、虫酸《むしず》の走るような一件は、まさにそれを学んだ体験だった。その間、イルカは僕らの分泌物や科学的変化を分析するチャンスを得ていたわけで、それによってわが種の奇癖の一つ――それゆえに僕らを理解するのに大きな障害になっている――をもっと理解するのに、さらに一歩近づいたのだ！

最初のＵＦＯ体験

ＵＦＯに関する五つ目の質問の答えは、フロリダ最後の夜に得られた。イルカとの出会いではいつもそうだが、その出来事をとりまく状況も、シンクロ（共時性）に満ちた重要なものだった。

僕はバルコニーに座り、暮れ行く湾を眺めながら、さっきまでしていた最後の泳ぎのことを日記に書いていた。

僕はこう書いたところだった。

「雷が来そうな空という以外、ＵＦＯの大接近の質問、それとイルカとの関係についてはまだ何も回答が得られていない……」

そこから、イルカに相見《あいまみ》えるために溺れたふりをして死にそうにまでなったことを書き、四行目まで来たところで、パートナーの悲鳴が聞こえた。夜九時五分だった。

水平線から三十度ほどの沖合いのところに、とても眩しい光が現れたのだ。急いで双眼鏡と小さな望遠鏡とを手にしてバルコニーに戻ると、その光がいっそう輝きを増すのが見えた。見ていると、それは上方に縦のビームを投射し、だんだん暗くなっていくと同時に、小さな光の玉がビームの上端に現れた。二つ目の玉がだんだん同じ大きさになっていくと、最初の玉は消えた。

それは思わず目を見張る光景で、理性的な動物である僕らは、ああでもない、こうでもないといろんな可能性を口にし合った。

暗い曇りの夜で、星は全然見えなかった。月もどこにも見えず、金星という可能性を考えたとしても、それは違う方角にあるはずだった。玉の発光には、なにかしら科学的説明があるのかもしれないとも思った。二人ともそうしたものを見たことがなかったが、でもそれはＵＦＯ

の暴露ものではよく話題に上ることだから、なにか説明のつく現象だったというのも、あり得ることかもしれない。でも発光体は、同じスポットにほぼ二十分間もとどまっていたのだ……
……！

　雷雨が来ているようで、暗くなっても西空には稲光が走っていた。それとは対照的に、光の玉は一定の動きを示し、稲光とは無関係なように見えた。

　パートナーの言う巧みな動き以外には、それはずっと一定の位置にとどまっていた。沿岸警備隊による照明ということも考えたが、彼らが天空の鉤《フック》でも発明したのでない限り、それはありえない。

　それに、雲の下側に照り返しているのもはっきり見えた。この光の玉に関しては未だに納得のいく説明は得られていないが、これが姿を現すほんの二分前に書いていた日記の質問に対する答えなのかもしれないという、驚くような考えがふと脳裏をよぎった、

オアネスと神話的リアリティ

この不思議な中断の後、僕は日記に戻った。

「──午後五時頃だった。

一頭の大きなイルカが、コンドミニアムの反対側から十メートルほど離れたところの水面に

躍り出た。僕は手を振りながら、なぜか見てもらったという気がした。イルカは水の外でも視力は極めて良く、よく見るためにジャンプするのだ。

それは十分な挑発だった。おそらく一緒に泳ごうという機会を与えてくれたのかもしれない。僕が砂浜に出て行く頃には、人はいなくなっていた。空は暗く、時折陰鬱な雨が、膨れあがる波の上に落ちていた。僕は捨てられたおもちゃの小さい恐竜の脇に衣服を投げ捨て、生ぬるい海に入って行った。

最初の砂洲を越えた時、下の方に何か黒いものが見えた。イルカがそこにいるのかもしれないと思ったが、まだ姿を現してはこなかった。次の砂洲で息を取り戻し、イルカが見えないかと思ってジャンプしてみた。何も見えない。さっきの下方の動きがイルカだったかもしれないという考えを、思い過ごしにしておこうかとも考えた。いったい何だろうと興味は募ったが！

風が出てきて波が荒れてくると、僕が泳いでいたあたりにも、稲妻と共にゴロゴロと雷が轟いた。僕はそこでまた一つの転機に達したのだ。

ここ一週間に起こった全ての驚くべき事がらが、僕の周りに怒涛のように押し寄せてきた。僕は、こうした出来事で得たテレパシーが本当だったと確信させてくれる、何らかの客観的サインが欲しくてたまらなかった。信心も信念もいいけれど、自分があまりの思い込みでおかしくなっているのではないことを確認する必要があったのだ。今思えばありえないようなことだが、僕はラスタマンの例に倣《なら》って、これ以上手足が動けなくなるまで遠くの沖合いに、行けるだけ行ってみることにした。この際、はっきりと白黒をつけるのだ。もしイルカが僕を助けたいなら、僕の傍に近づいてきて、助けてみせて欲しいもんだ！

僕は嵐の中を泳ぎ出した。二十五分くらいたつと、風が海水の塊を僕の喉に押し込み、左脚が引き吊り始めた。「今しかチャンスはない……」と思ったのを覚えている。

何も起こらない。

こん畜生！　またがっかりさせられるんだ。まあ、仕方ないか……。こんな行きがかりで突っ張って泳いだからって、誰も見向きはしまい。僕はイルカと確かにコンタクトした、それは確かだったし、それが僕に奇妙な効果をもたらし始めていた。

いくらやっても、パニックになれなかったのだ。前と同じだ。彼らは僕の精神《サイキ》をなんらかのやり方で自分らに同調させ、当然恐れで一杯になってもいいはずのところを、全然感じないようにしていたに違いない。そのせいで、コンドミニアムは恐ろしいほどはるか向こうに見えていたが、僕はその距離感を恐怖なしに受けとめていた。

僕はまたしてもやつらにしてやられたと分かり、笑いが止まらなくなった。イルカの近くで泳ぎ、イルカに乗った少年の彫刻みたいに、背びれに乗ることが僕の強迫観念と言えるほどの強い願いとなっていた。そのとらわれは僕の心の深くまで染み通っていて、普段の理性の範囲を超えた離れ技をやってのけようとしていたようだ。

そんな時、僕はイルカや知性ある存在たちに出会えたのは、彼らのリードによってであったと認めざるを得なかった。彼らが望むなら、どんな実験にでも僕を使ってくれて構わないと思った。それにより、彼らが害を与えるとは全然思っていなかった。

同時に、新たな強さが内側からこみあげてきた。僕は海岸の方を振り返った。空は輝き、嵐は去っていた。長い、でも驚くほどウキウキする泳ぎだった。二回ほど何かが素早く、でも優しく僕の脚の後ろ側を撫でていった時、僕のアドレナリンが騒いだ。

砂洲へと戻り、僕は最後の数メートルを歩いて陸に上がった。その時、ある強烈な記憶が甦ってきた—というか、何かが思考を重ね合わせてきた、あるいは、影を落としてきたとしか表現のしようがないのだが—。それはバビロンの海を五千年の昔に歩いていたという、半人半魚の神話の生き物であるオアネスだった。どこからそんな考えが湧いてきたのかは見当もつかないが、大きな魚頭が僕の上にユサユサと乗り、のっそりと大きな二足の体躯を動かすのを感じた。陸の不思議さ、これからやるべき事がら……。

コンドミニアムに着くと、パートナーがとうとうやったねというふうに、ニコニコしながら、「イルカが周りを泳いだり、跳ねたり、もう凄かったわね」と、嬉しそうに迎え入れてくれた。

「えっ？　僕の周りいっぱいに？　冗談でしょ？　僕には何も見えなかったけど……」

と言いながらも、はたと気がついた。明らかにイルカは、僕にずっとついてきていたのだ。パートナーは、僕の下をくぐったり周りをぐるぐる回ったりしている彼らの姿を見ていたのだ。

僕が沖の方を向けば、イルカは僕の後ろからひょっこり顔を出し……というように、僕の見ていない方向に顔を出していたわけだ。そして、泳ぎ終えてやっとビーチに這い上がると、イルカは大海原に消えていく前に、最後に僕をちゃんとチェックしていったらしい。

これは疑いようのないサインであり、僕らはそれを受け取りっぱなしにはしなかった。僕らはこのすばらしい生き物にずいぶんと近づくことが許されたのだし、となればニューヨークに戻って、受け取った印象を全部消化してみるしかない。

こうした初めての旅の続きがそんなに早くやって来ようとは思ってもみなかったが、でも実際、そのように展開していった。僕らは、イルカと泳ぐというレッスンで得られた、気楽でいるという思いがけない収穫に、深く感謝している。

第3章
異星人の接近

空飛ぶ円盤を目撃

一九八一年のレーバーディ（勤労感謝の日）は、曇り空の月曜日だった。休日のうちでも決して気軽な休みとはいえず、誰もが退屈して、暇を持て余している時に押し寄せる、しつこい面食らうようないろいろな考えに対処しなくてはいけないのだ。となると人智圏（訳注：ティヤール・ド・シャルダンの造語で、人間の活動による変化が著しい生物圏）への精神的《サイキック》な妨害が入るのは避けられなくなる。敏感な人が、物質世界の天候が変わるのを事前に察知するように。

情緒の移ろいは大都市では特に顕著であり、都会生活を選んでいる僕らはとりわけ、不安を引き起こさないように注意しなくてはならない。

遅く起き出すと、次から次へと怒りの応酬に取り込まれている自分たちがいた。溜まりに溜まった情緒を吐き出すことは、必然的に心の重荷を軽くし、感受性を研ぎ澄ますだけでなく、充満しているネガティブな雰囲気から、個人の精神《サイキ》を解き離すのに役立つ。気分が良くなると、太陽が顔を出したので、僕らは前の晩にスプレーした落書きの写真を撮ることにした。

僕はいつも、ニューヨークの地下鉄の落書きアーチストらの勇気と芸術的冒険心には敬意を抱いていたが、まさか自分がそれに手を染めることになろうとは、思ってもみなかった。

しかし、マンハッタンの僕らが住んでいたところからほんの一ブロックのところにある小さな公園のコンクリート製のベンチを、地元の自治会が取り壊すことを決めた時、自由に落書きできる機会が向こうからやってきたのだ。一両日中に大きく平らな石板が撤去されると知って、僕の良心は満足したし、それは都会のアートとして格好の素材となった。そこがマンハッタン島の自然の中で、一番高い所にあるベネット公園だということがまた、僕らの真夜中の侵略にいっそう個人的意味を付け加えるものとなった。

その月曜日、出がけにドアのところで隣人に出会ったので、三人で一緒に公園に向かった。落書きは金と白を使ったかなりの上出来で、ユーモアも感じられた。一人の老人が、すでにその写真を撮っているのに出会った。彼は「トカゲが地上に降り立った」と書かれたメッセージを見て、最近の若者の博識ぶりにクスクス笑っていたが、僕らはそれがどんな意味かを彼自身で考えてもらうよう、あえてそっとしておいた。

自分たちが写真を撮る番になると、パートナーは光度レベルをチェックするのにチラッと上を見やった。その時、彼女は驚いて叫んだ。僕らも見上げてみると、かなりの大きさの円盤が、灰色の空を横切るように、一定速度で低空飛行をしているのが見えた。それは青緑色で、雲よりはずっと低く、かなりはっきりしていた。

それが三十五秒ほどで、北西方向（ブロンクスの方）へ、木々の上を横切って行くのを見て、僕ら三人はすっかり魅了されてしまった。他に比較するものがなかったから大きさを言うのは難しいが、直径六~九メートルほどで、上空九百メートルくらいのところを飛んでいた。そして風船や気象用のタコとは違って、一定の動きをしていた。見ていると、それはスピードや方向は変えずに、翼を傾けてバタバタとさせた。その瞬間をパートナーがカメラに収めた。

僕らは最近フロリダで見た光の球体のことは、まだ詳しく話し合ってはいなかった。でも、この晴れた月曜の午後一時にはっきりと見た円盤は、それとは全く違っていた。それが頭上を通り過ぎて行った時、もし本物のUFOを見せて欲しいと言われたら、こんなに思いがけないほどリアルでしっかりとした円盤は、他にはないだろうと思ったことを覚えている。

僕はフロリダの一件から、内部亜世界にアプローチする際に大切なことを一つ学んでいた。普通にふるまう！　ということだ。心の中でどんなに興奮していようと、狂喜していようと、あくまでも落ちついていた方がいいのだ。

この教訓は、その後に続く出来事にも関わる、大きな意味のあるものになった。

円盤が消え去った直後、少し離れたところにいた少年がやはりこのUFOを見ていて、無造作に、それはただの「星の車《スター・カー》」だと言った。少年がそこにいたことも、僕らは気づいていなかった。

僕は全身に原始的な恐れが走り、うなじの毛が逆立つのをおぼえた。その子の言ったことには何か馴染みのある感覚、確信めいた響きがあり、反発しようという気すら起こらなかった。それにそれまでの経験からいえば、「星の車」という言い方は、当時流行りのSF映画やテレビ番組、漫画にもないことを僕は知っていた。

「ねえ、君、ここに座って〝星の車〟って何か話してくれないかな?」と僕は声をかけた。

「うん。それはね、一人用の乗り物で、普通の旅行者とか探検家が使うんだよ」と、彼は強いドイツ系ユダヤ人のような中部ヨーロッパ訛りで答えた。

「中央の推進メカで、母船につながっているんだ」

少しの考える間もなく、スラスラと少年は答えた。何か深いことが起こっているという、実に奇妙な感じがした。孤独な、仲間外れにされた少年が出まかせを言ったとも考えられはするが、でも彼の仕草には何かそうでないものがあった……。

年齢は七歳から十歳くらいだろう。ぽっちゃりしていて、両性具有の雰囲気を漂わせていた。

僕は、もっと話してくれるように頼んだ。

「うん、あれで惑星間の旅は確かにできるよ」と少年は、まともに聞いてくれる人を得て目を輝かせて続けた。

「でもね、彼らは必ず母船と連絡し合ってるんだ。つまり大きい船と小さい星の車の両方が、マニ粒子ビームを使って、内部にある中央ユニットで受信してるんだ」

少年はだんだんと興奮してきた。

「そのユニットが瞬時に、巨大な星、フィンソウスの中にあるターミナルと、粒子ビームの交信をするんだ……」

「フィンソ……。どういうスペルなの？」と僕は、タバコの箱の内側に書きとめようとした。少年はじっと待ってくれて、それからゆーっくりと一文字ずつ綴ってくれた。馬鹿にされたかと思ったほどだが、鉛筆を手にしているついでだからもっと聞こうと思って、「宇宙番号もあるの？」と聞いてみた。

「子機の方？　それとも親機？」

「じゃあ子機の方から……」

「7956218 3だよ。親機は1765333177082さ」

番号を書きとめてから、もう一回繰り返してくれるように頼むと、少年は一つも違えずに繰り返した。出会いは新たな局面を迎えようとしていた。果たして、何人の少年が二十一桁の数字を覚えていて、間違えずに繰り返せるだろうか？

「フィンソウス系は古い。人が住まない空間にいる存在たちが住んでいて、だから宇宙活動の中心に選ばれたんだ。そこじゃ生物が住む惑星はみんな別々の部屋を与えられていて、それが関係する種とその種の進行具合を代表しているんだ」

「フィンソウスはどこにあるの？」と僕は聞いた。

「アンドロメダ星雲の中心だよ」と彼は間髪入れずに答えた。

「宇宙で一番人口が多いところで、三十億個の惑星に百万の生物が住んでいるよ」

幸運なことに、僕はその頃、「ウランティア」という超大著（訳注：シカゴのウランティア・ファウンデーションにより一九五五年に発刊された本）を読んでいたので、こうした巨大な数字を聞き入れる準備はできていた。広大無辺の宇宙論を擁するこの本は、時を経てその語りが紐解かれ、読み継がれてきた。そして僕が導かれているこの魂の旅に、大きなインパクトと意味を与えたのだ。

ここでは、生物の住む宇宙、その文明と霊的、科学的知識のあり方の描写をしたものとだけ言っておこう。また〝全面浸透した宇宙〟中にある無数の世界や領域に、数百、数千億もの存在が住んでいる、その広大な宇宙のことも書かれている。

僕はこの年若い友人がごくさりげなく言ったその生物たちが、どういう形をしているのか知りたくなった。

「ほとんどはヒューマノイド（訳注：ヒトと同じ生物）だよ。あとは……」少年は何か名前を言ったのだが、僕には分からなかった。でも、話の流れを中断したくなかったからそのままにした。

「すごく大きくて……」少年は比較するのに辺りを見回して、「あの家くらい大きいんだ、それにしょっちゅう形を変えるのさ。でも彼らは少数派で、大方はヒューマノイドなんだ」

そうした異なる種を全てまとめているものは何なのだろうと、僕は思った。

「少しの例外を除いて……」と彼は例外の部分を強調した。

「みんなが感情を持っているんだ。感覚を持つ全ての生き物に共通しているもの、それはフィーリングなんだ」

彼がそう言った時、僕の中に大きな喜びが込み上げてきたのを覚えている。

イメージを宇宙空間に投射する

少年は続けた。

「マニ粒子通信システムの基礎になってるのが、まさにこういう感情なのさ。それを通じて物質が三次元のイメージに変換されて、広大な距離を越えて投影されるんだ」

僕は「三次元イメージに再構築される」とはどういう意味かと少年に聞いた。少年は「違うよ、再構築じゃなくて変換されるんだよ！」とそこを強調、断言した。それで僕が彼の胸に手を当てたら、確かにリアルに感じられたので、君は三次元イメージなのかどうかと聞いてみた。

彼は僕を長いこと見つめ、ちょっと足元をすくわれたなとばかりクスクス笑った。

「いや、違うよ」と彼は答えた。僕らはみんなで笑った。

「マニ通信システムのことをもっと教えてくれる？」とパートナーが聞いた。

「えーと、それはまだ実験段階なんだけどね……」と彼は嬉しそうに答えた。

「イメージは投射できるけど、でもまだ物質そのものを変換して投射することには、誰も成功したことがないんだ」

少年は、それはとても危険なので、研究はとてもゆっくりしか進んでいないと言った。

「中にはほとんどダメージを受けずに戻ってくる人もいるよ」と、彼は目に憐れみをたたえて言った。見るからに少年は、この話をするのが苦しそうだった。僕とパートナーはお互いの目を見合って、〝ダメージ〟とはどういうことかと思わず身震いした。

宇宙生息空間の政治体制

彼がつらそうなので話題を変えることにして、あっちの政治体制について聞いてみた。

「ごく一般的なのは一人一票の民主主義で、アンテーシスと呼ばれているんだ。王とか帝王とかもいるけど、それは二十くらいの小さな種族のいるずっと離れたところだけで、原始的だとみなされてる……」

「あっちには戦争ってあるの?」と僕は聞いた。

「あるけど、戦争好きの種族は少ないんだ。供給ラインがすごく弱くなるから、彼らも自分の惑星からあまり遠くへは行かない。戦争はたくさんのエネルギーと失費がかさむから……」と少年はまた一人笑いして、「だからみんなは戦争している種族や、彼らが占領している物理的空間も避けて通るんだよ」と言った。

介入政策といったものはなさそうだった。好戦的な種族は、自分たちで学びを得るということらしい。


ここで、この実に奇妙な状況について少し振り返ってみよう。僕らは三人いた。隣人のステファン、それにパートナーと僕。僕らはマンハッタンで一番高いところにむき出しになっている大きな石の側面に座っていた。読者はご存知だろうか、マンハッタンの下には広大な地下洞窟があるといわれ、島はこの一つの巨石の上に乗っているのだ。洞窟については確かではないが、だが金融街からセントラルパークの腰臀部を除き、さらに一五七丁目とブロードウェイの墓地まで上っていくと、確かに巨大な花崗岩の露出があちこちに見られた。

この巨大な岩の硬さゆえに、過去二百年の間、技師や建築家が沈下の心配をせずに多くの摩天楼を建てることができたのだ。でも岩を知っている人なら誰でも口にするだろうが、こうした巨大な単一質の硬い岩は、鉱物の知性システムに興味を持っている人にとって、語られることのない含みを持っているのだ。

おそらく僕らの落書きが、空飛ぶ円盤の住人たちにとって、何らかのサインとなったのかもしれない。僕らが話をしているこの両性具有の少年は、ふとしたことから彼らのテレパシーの〝口〟(＝スポークスマン)の役割を担っているのかもしれない。

それは、ついこの間、フロリダでイルカと泳いだことのように、ありえないというかシュールリアルというようなことだった。それでいてこうした凄い啓示によっても、正常で灰色の、素っ気無いニューヨークは何ら変わることなく続いていくのだとでもいうように、僕の周りで車がブーブーとうるさくクラクションを鳴らした。

この少年は、ただ単に話をでっちあげているのだろうか？　それとも、たぶんラビ(訳注・ユダヤ教の聖職者)の父親から、満ち溢れる宇宙のファンタジーを頭に詰め込まれているだけなのだろうか……。

しかし、これは何とも優雅であり、頭をひねるような概念だ。この地球の狂信的排外主義が世界観に与えている影響からか、生物が住む宇宙の本当の意味ですらも、受け入れる人は実に少ないことを僕は経験から知っていた。ごく急進的な科学的思考をする人たちですら、もしかしたら宇宙にいるのは自分たちだけではないかもしれないという考えを、やっと今頃、少しだけ考え始めたという程度で、じくじくした原始から幸いにも偶然、初等化学が芽生え始めたというところなのだ。

少年はまだ話し終わったわけではなかったが、でも話し方が変わった。今度は小グループの生徒に講義をする教師のように立って、行ったり来たりした。

「また別の政治体制があって……」

少年は僕らがちゃんと聞いていることを確認するのに大げさにポーズを入れてから、さらに続けた。

「それは、宇宙のコミュニティには存在すると認められていない惑星文化に時々見られる。名前はないけど、次のように機能する……」

少年は時々、腰を曲げて身を乗り出しては、僕ら一人ずつの目をじっと見つめながら言葉を強調し、またまっすぐに戻るということをした。

「どの文明にも、程度の差はあれ、問題がある……」

八歳の子どもから、こんなことを言われているんだと思ったのを覚えている。彼はずっと手に持っていたプラスチックのディスクを曲げて、話を強調する時に宙に強く振った。

「そして大きな問題を取り上げて考え、検討する人たちがいる……」

彼は、僕らが理解できたかどうかを知るために間をおいた。

「票を持つようになるのは彼らだ。彼らがその種族の隠れた指導者となって、より高次の役割を果たすことが許されるようになるんだ」

なるほど、恵み深い民主的な宇宙では、そうなのかと僕は思った。もちろん、何らかの意思決定がなされねばならず、それは自分たちよりも大きなコミュニティがあることに気づいていなくとも、全ての惑星に影響を及ぼすのだ。必要上、自分の惑星の兄弟姉妹を代表することになる人々が出てくるわけで、そうでなければ公正ではないだろう。

最後の課題を、少年は驚くべき情熱と真の驚きを持って語った。第二次世界大戦以来、この惑星に対する興味もかなり増してきているが、ここ一万年ほどは詳しい記録などは取られていないらしい。

「この惑星に関するフィルムを最後に見たのは、一万年前だったよ」と、その奇妙な舌回しのヨーロッパのアクセントと、年老いた賢人のような目をして少年は言った。そして小太りな体をまっすぐにし、圧倒されるような威厳を持って彼はこの星のことをこう言った。

「一夜にして、洞窟から文明に変貌したんだ！」

この一連のやり取りの間、少年は一枚のプラスチックのディスクを手でいじっていた。それを見せてもらえないかと頼んでみたが、手放すのは嫌なふうだった。それは物質にエネルギーを与えるもので、自分には〝そういう種類のエネルギー〟はないからだと彼は言った。それはアイディアグッズを売っている店のウィンドウで見かけるような、透明で柔軟性があるプラスチックの魚眼レンズみたいに見えた。彼は、そのエネルギーを証明して見せようとした。

彼は、僕らの脇の岩の上に注意深くディスクを置き、そこを中心に周囲十メートルほどを走り回った。最初の二回はディスクを持たずに回ったのだが、終わりの方になると明らかに疲れてきたのが分かった。次はディスクを手にして、さらに五回回ったのだが、今度はストップさせられそうもないほどで、少しばかり催眠術にかかったようにも見えたが、先に二回回った時よりは五回回り終えた時の方が、はるかに元気そうだった。

僕らの会話は、約二十分ほどで終わった。僕は彼の名前を三回聞いたが、その都度うまくかわされて、次の興味深い話題に移っていった。たぶん親から、知らない人とは話してはいけないと言われているのだろうと思って、僕はそれ以上しつこく聞こうとはしなかった。

少年にアイスクリームを買ってあげることも、またそれ以上話し続けることもできなかった。少年は家に帰らないといけないと言った。まだまだ興味はあったけれど、僕らは会話を終わらせ、彼の後をつけてみることもしなかった。それ以来、その少年には公園でも、その周辺でも、一度も会うことがなかった。

円盤の写真が現像された時、フレームの真ん中に、ある小さなスポットがあった。それは、僕らの目に見えたものよりもっと小さかったが。これは単に安物のカメラの限界だったのかもしれない。だが、僕らの知覚によって円盤が大きく見えたという可能性もなくはなかった。こうしたことというのは、実に主観的なのだ。

少年のミステリー

さて、少年はこれらの全てをでっちあげたのだろうか？　もちろん、人間の想像力が無限であることを考えれば、少年は辻褄の合った宇宙論を語ることができたかもしれない。面白いことには、僕は同じ頃に「ウランティア・ブック」の中の似たようなテーマを理解しようとしていた。この二千ページに及ぶ大著を手にした人なら誰もが口を揃えて言うだろうが、これは居住空間宇宙を創造し、見守っている天界の天使のような存在たちから送信された情報なのだ。この長くて詳細な、他の世界における生物たちの描写は、明らかに、二十世紀最初の四半期に眠る霊能者の口から出たものであり、僕らのこの少年との出会いと、全く同じような疑問を投げかけている。

そのどちらもが、創意豊かな産物であり、人間の想像以上のものではないといえるのだろうか？

どちらの場合も、内容を比較するものが他に何もない。本当だと思うか思わないかのどちらかだ。僕ら人間は、こうした事がらを識別できる内的能力を持っていると思う。

先ほどの少年のことに戻るが、彼のものの言い方からすれば、前もって考えていた話ではなかった。ほとんどは、僕たちの質問への返答だったのだし、容易に予測できるような範囲を、はるかに超えたものだったのだから。

少年の身のこなしには、同年代の子どもたちには見ることのできない凛としたものがあった。

それに僕が「再構築」と言った時に、「変換」と断固として直すほどに、少年の思考は明確だった。

僕らの科学的知識と論理は、少年のそれらと一致していた。

パートナーもまた、僕らがフロリダで見た飛行物体について分からないでいた部分を、少年が答えてくれたと言った。彼女は、あの光が実際に何らかの物理的原理、または形体を示しているものなのかどうかを考えていたらしい。少年が、マニ粒子ビームでイメージを投射するのだと言った時、フロリダで見た光がよく理解できたという。どちらの場合でも二回目の光が現れたのだが、それは最初の光源の投射だということが、初めて理解できたのだ。

「一夜にして洞窟から文明に」と「この惑星に関するフィルムを最後に見たのは一万年前だった」が、最も記憶に残る言葉だったのは間違いないが、そう言った時の彼の声のトーンと言い方には、明らかな変化があった。彼ははるかに深い、もっと老成したペルソナになったのだ。彼は何とかして僕らに理解させようと話をしてくれたのだが、この二つの部分だけはまるで独り言のようだった。

この少年に出会ったことと、飛行物体を目撃したことがどのように関係するのかは、推測にまかせるしかない。イルカとフロリダでの円盤、今回のＵＦＯ、そして小さな異星人のスポークスマン……。これらや、それにまつわる事がらには、あまりにも偶然が多過ぎるのだ。

第4章
夢の世界を分かち合う

ニューヨーク水族館のイルカたち

ここでは、僕は野生のクジラ目《もく》に焦点を当てていた。捕獲され、海洋水族館にいるもののフィルムは何度か見たが、それらは野生のものに比べると確かに色褪せて見える。僕は動物園嫌いで、それまで、捕獲された生き物を見ることはなかったのだ。多くの人と同じく僕も、あれほど知性ある生き物がなぜに生け捕りにされ、あんなにも不名誉な形で晒しものにされるのを許すのかと思っていた。もしそうすることでしか僕らとコンタクトをとる方法がないのだとしたら、それは僕らの感性がひどく鈍ってしまっているからだとしか言えないではないか！

しかし、僕らの調査に公正を期すためには、そうした〝牢獄〟へも行かねばならない。そして不思議なことに、決まって何らかの今そこにある危機を見せられる時を選ぶようだ。

八月の曇り空に覆われたある午後、僕らはコニーアイランドにあるニューヨーク水族館に着いた。館内に入るなり、最初に僕らの知覚に強烈に訴えてくるもの、それは独特な姿をした三頭のベルーガクジラが、文字通り目の高さのところで視覚に入ってくることだ。それはかなり面食らう瞬間で、いっとき知覚的な違和感に支配されてしまうほどだ。意識の深いところで感じる仲間意識と、言うに言われぬ美しい生き物が物憂げに、自分の体よりほんの三十センチくらい大きいだけのガラスの部屋に閉じ込められているのを見ることへの、むかつくような空恐ろしさと、さまざまだ。

ベルーガに近づくと、僕は即座に彼らとコンタクトした。見られ、登録されたという感じがした。彼らがどれほど〝読める〟のかは全くわからない。パートナーと僕は手すりのところに立っていた。その十分ほどの間に十五人ほどの人たちが僕らを通り越していった。間もなく僕らは、その三頭のベルーガたちの興味の対象になったようだ。

この時、僕の頬には涙が流れ、フロリダのイルカとコンタクトした時のような歓喜に包まれていた。この強烈な情緒の中でクジラとの信頼感を持ったまま、僕はいくつか簡単な実験をしてみた。僕が「もしこれが聞こえたら、頭を縦に振ってみて」とか、そのうちの一頭に「ぐるりと円を描いて泳いで」とかを心の中で念じ、数回はっきりと繰り返すと、それが必ず応えられることが分かったのだ。彼らはグルグルと回ってくれた。それはゆっくりとして複雑ながらも、直接的で明白だった。僕の中に、アドレナリンがどっと放出されるようだった。彼らは回り終わると、特別な一瞥を僕にくれさえするのだ！　その時、一連の考えが湧いてきた。それは、宇宙意識に刺激された僕だけの考えかもしれないが、むしろクジラの意識との交信、オープンなコミュニケーションという気がいっそう強くする。

そのビジョンはごく短く、パワフルであり、内容としてはクジラとイルカには深く博愛的な、全てのものの相互利益に根ざしたあるはっきりした計画があるという感じで終わった。同時に、偉大でユーモラスな教訓までほのめかしたのだ！　それは、誰もが自分の望むものを、そっくりそのまま得るというものだった。

それからベルーガと過ごした三十分ほどの間に、ベルーガの生まれたばかりの赤ちゃんのことで、スタッフが困っているという話を聞いた。母親が赤ちゃんへの授乳を拒否し、やむを得ずスタッフが無理やり乳を飲ませているのだが、なかなかうまくいかず、どんどん弱っているというのだ。捕獲された数少ないベルーガの一頭なので、スタッフたちも少しパニック状態になっているように思われた。

僕らは、自分たちに何ができるかは全くわからなかったが、手伝いを申し出た。若い女性スタッフは、ベルーガの親子と一緒にいる人にそれを伝えに行った。

僕らが待っている間、僕とパートナーが三頭のベルーガとの共感と信頼の感覚に戻ると、彼らが完璧に落胆している気持ちが分かった。後で分かったことは、赤ちゃんを殺そうとしたので引き離された父親のベルーガが、その三頭の中にいるらしいのだ。さらに、赤ちゃん誕生の意味がないといった印象が届いた。こうした閉じ込められた場所は、赤ちゃんを育てる環境ではないのだという。その印象があまりにも生々しいので、僕がまたすすり泣き状態だったところに、女性スタッフが戻ってきて、「全てこちらで手配済みですので（助けは不要です）……」という返事を伝えた。

「専門家チームがあたっておりますので」と、彼女は僕らを安心させようとした。

立ち入り禁止エリアに無断で入る以外、僕らにできることはなくなった。それはベルーガたちにとっても、迷惑な事態になるだろう。僕らは何とか中に入れてくださいと、最近の何回かの交流の話も持ち出して懇願した。僕らにも何かできるかもしれない。つまり、悲しんでいる母親に哀悼の念をテレパシーで送るということだ。再度、スタッフが中に入って行ったが、結局、「ありがとう、でも結構です」が答えだった。

この一連の出来事に、僕は深い畏敬の念をおぼえた。この疲れきった、しかし限りなく忍耐強い種が、人間とコンタクトをし、コミュニケーションを図りたいと願うために、この古代からの悲劇が繰り返されてきたのだ。

イルカのショウの前、僕らは彼らのいるエリアの手すりのところに立っていた。そこには低いバリアがあって、その向こうにはベルーガの母子が泳いでいる、もう一つのプールがあった。見ていると、三頭のイルカはほとんどの時間を、ベルーガクジラの母子になるべく近いバリアのところで過ごしていた。ベルーガの近くで過ごすという彼らの意図は、次の実験への関連から重要になるのだった。

僕は、一人でトドを見てから、イルカのプールの前にずっといるパートナーのところに行った。

彼女はこう言った。ベルーガと強くメンタルなコンタクトをとった後、彼女は同じようなコミュニケーションがイルカともできるかどうかに興味を持ったらしい。彼女はうち一頭に、「私のそば（十メートルほど隔たっている）に泳いで来て」と念を送ったらしい。しかし、全く反応なし。またやってみたが、何も起こらない。

ビジュアルなテレパシー

微妙な状況が起こり得ることを知っていたので、今度こそなどと自分の念を押し付けようとはせずに、ゆったりとプールの遠くの方にいるイルカを見ていた。その時、好きでたまらない僕のことを思ったのだという。そうしているとだんだん楽しく、官能的な思いが湧いてきたらしい。するとイルカの一頭が、彼女のところにまっすぐ泳いで来たという。イルカが強い精神作用に直ぐに反応したことを知って、彼女は驚いて空想から飛び抜けた。再度、もっと意識的に試してみたところ、またうまくいったらしい。三度目には感情と共に、イルカにまた泳いでこっちに来てという念を混ぜてみると、その通りにやって来て、彼女をまっすぐ見上げていたというのだ。

もうすぐイルカのショウがあるというので、入口には人だかりがしていた。イルカはショウをやる気など全くなく、反対側のところにいたがっているようだった。トレーナーが登場して、エイキサイティングな時間が始まろうとしていた。

中に入るとすぐに、僕はいい席を取りに向かったが、パートナーは自分のところに泳いでくるイルカのいい写真がとれないかと、プールサイドにとどまっていた。先の気分は消えていて、イルカも送っている念に反応を示さなくなっていたので、彼女は別の方法を試みたらしい。アーチストであり、非凡な視覚の鋭敏さを持っている彼女は、イルカが果たしてイメージに反応を示すかどうか、やってみることにしたという。そして、イルカが自分のところに泳いでくるのを、できるだけ鮮明に想像してみた。前と同じく、即座に一頭のイルカが彼女のところにやってきた。この間、タンクの中では何のアクションも見られなかった。撮れた写真には、彼女のところにやってくるイルカ、そしてまた戻っていくショット、ヒレの向こうから彼女を興味深そうに振り返って見ているショットがあった。

イルカのショウはまだ一度も見たことはなかったが、イルカたちが見せた芸はかなり限られたものだと思った。それでも、水中から天高くシンクロして跳ね上がる美しさは、素晴らしいものだった。

ショウの間、僕らにはイルカを至近距離で見られることの至福感以外の強い感情は、特に生まれなかった。イルカは確かに群集の中の特定の人、特に幸せな人々、子どもたち、恋人たちに〝気づく〟のだ。他のトレーナーたちからも、このことはエピソードとして聞いたことがある。まだ推測の域を出ないが、もしそれが本当なら、捕獲されたイルカたちは、受け取ってくれる人たち、特に子どもに〝感じ取って〟欲しいのだと思う。そのために水族館を使っているのだという僕らの確信は、ますます深くなった。

さて、僕らはこの深い、相反する感情の出会いから、果たして何を学んだのだろうか？ベルーガとイルカの場合、強い情緒を介在させると、思考が異種間のバリアを超えて届くということをはっきりと確認できた。それに僕らは前から、イルカと人間のビジュアルな意思疎通のチャネルがあるのではないかと予期していた。これらはどちらも調査が期待されるところであり、捕獲イルカであれ、野生のものであれ、今後も機会があるたびに続けていくことにした。

夢

一九八一年八月の終わりにフロリダから戻って間もなく、僕は、人間・イルカファンデーションに薦められて、コロラドを拠点とする宇宙物理学者であるゲリット・ヴァースチューとコンタクトを取り始めた。彼は、イルカのテレパシー要因について調査をしている数少ない研究者の一人だ。

彼の手紙は明晰であり、地球外知性研究の、より比喩的かつ神話的側面を強調する、心理学としても興味深いものだった。彼は、ジョン・リリーのイルカたちと泳いだこともあり、イルカとのコミュニケーションという視点から、ラジオ無線、電磁波の技術研究の、二つの優れた提案を書き上げてもいる。多くの論点のうちでも、彼は夢に十分注意するようにと言っている。クジラ目と関わりを持ち始めた者の多くが、重要な夢を見るようになる傾向があるというのだ。

イルカは、確かに僕の夢の世界にも入りこんできた。イルカ自身が出てくるか、またある場合には、彼らの工芸品がストーリーをつなげていくリンクとして出てくるかした。これらはまず通常見るような夢ではなく、〝どこか別のところ〟から来ているという感じの、クリアで鋭いものだ。

ベネット公園でUFOを見た六日後、僕はイルカと強く関連した（イルカは一頭も出てこないのだが）夢を見た。その時のことを、僕はこう記している。

（夢の断片）

僕は、長い水晶状のような造りのものが積み重なっているのを見せられた。それはきちんと重なっていて、二つのタイプのものがあった。近づいてみると、それは長さ六センチ弱、幅一センチ弱の六辺形のクォーツ水晶だった。下の方にあるものは普通の水晶のようだったが、上の方の二十ほどは、実に見事な金の覆いがかかっていて、光にきらめいていた。両方とも六辺形の表面は精密に仕上げられ、まばゆく磨かれていた。水晶が新しいエネルギー形態と関係が

あるという強い思いと共に、目が覚めた。（夢の断片、終わり）

僕は、夢で見せられたものとなるべく近い水晶を作ってみることにした。さっそく宝石細工商に連絡すると、すぐに結果が出た。僕が欲しかったクォーツ水晶のサイズは、極めて珍しかった。普通もっと大きいか、あるいは一定でなくてカットしなくてはならないかだが、僕はなるべく自然の形をそのままにとどめたかった。宝石商は「ああ、ありますよ」と言い、しかも信じ難い値段で譲ってくれたのだ。クォーツ水晶は、コンピューターに使われるようになってから、値段が三倍以上に跳ね上がっているというのに。

次に、水晶をカットしてくれる宝石細工商が必要だったが、またしても偶然にというか、こともあろうかユダヤ教の休日なのに、やってくれるという人があらわれた。彼は、ニューヨークで唯一の異教徒の宝石商に違いない！　カットし、研磨してから、パートナーがルネッサンスの芸術家、セネノ・セニーニの著述から探し出した、金箔を張るプロセスによって仕上げることができた。

このように全てが集結して、何とも美しい圧電性の考案物を手にすることになったのだが、当初、その用途は全く考えもしなかった。でも僕らにとって一番重要なことは、全ての流れが実にスムーズに運んだということかもしれない。まるで〝向こうにいる誰か〟が―それが何か、あるいは誰かは分からないが―、僕に夢を見せて、いち早くそれを作るように全ての手はずを整えたのではないかと思うほどだった。

ここで、イルカの知性の探求を通じて、僕らは六辺形のものと何度も不思議な出会いをし、それはどういうことなのだろうと不思議に思ったことを特記しておく。サンドダラーと最初のUFO体験のイラストを描いた時も、パートナーは両方に同じ六辺形が含まれているのを見つけた。その時、僕らはもしかすると、何かの暗号かコードにぶち当たったのかと思った。何らかのより高次のパワー、ロゴ、もしかすると承認の意味のものが関わっているという現われかとも思った。


その後も、ニューヨークでの数ヶ月間、イルカは深く僕らの心と共にあった。僕はそれまでの人生で、クジラ目との何らかのコンタクトがあった出来事をもう一度とらえ直してみた。多くの人たちと同じく、僕にとってもこうしたコミュニケーションの多くが、本や映画を通じてのものだった。ジョーン・マッキンタイアの著書は、科学的なものから詩的なものまで、クジラ目の知性に捧げた壮大な書である〝Mind in the Water〟、気に障る〝Days of Dolphin〟、正確ではないけれども忘れ難い映画、「オルカ」、その他たくさんのテレビで、イルカやクジラを見た機会……。それらは例外なく僕の中に熱狂的気づきをもたらし、以来、それは過激に高まった意識となっていった。

そして、どれもが実に楽しいものであり、こうした生き物が持つ何かによって―それは僕がほとんどというか、全く知らなかったものなのだが――必ず高揚した意識状態になる自分がいた。素晴らしくハイテンションになる中で、彼らの存在はまさに、自我を喪失してしまうほどのインパクトを与えた。しばしば高揚感に涙し、喜びと悲しみにすすり泣く自分があった。僕の心は、クジラ目とのコンタクトによってこじあけられ、反面、おそらくはより高次の波動を持っているとしか思えないイルカ、クジラの知性システムの物凄い力によって、静止させられたままになっているのだ。

僕はある時、ＬＳＤの世界を覗きながら、ポール・ウィンターのアルバム『コモングラウンド』の、音楽とクジラの歌とがうまく融合されたテープを聴いていた。その中で、クジラと共感的なつながりを得て、海を泳ぐ彼女を追いかけていると、僕はふと大きくシーンが変わったところに出た。それは、ロシアの捕鯨工場の、ツルツルした金属の甲板だった。僕は身震いとともに、永遠に続くかと思うようなパニックに陥りながらも黙って身を横たえていると、円形の回転刃が一列に並んだ方へゆっくりと滑って行き、それで僕の巨大な体は無数の破片に粉々に切り刻まれていった。

こうしたことを、フロリダの体験と照らし合わせてあらためて考えてみると、もしクジラ目意識は高レベルだという自分の考えが正しいとしたら、こうした生き物とのやり取りは、それに参加する人間たちの意識をも自動的に高めるような、リズミックな娯楽形態のようなものが生みだされても不思議はないと思った。明らかに、変性意識状態での感性と経験は、急速な加速のコントロールと理解のレベルを大きく増幅させる。

自動書記と宇宙意識の誕生

僕は十一月下旬のある晩、こうした事がらを黙想しながら、日記にいたずら書きをしていた。無意識のうちに何を書いたのかを振り返って読んでみると、次のようなことが書かれていた。

「この惑星は今、意識的宇宙の誕生を目撃しようとしている。それは全く理解不可能だろう。なぜなら、通常の覚醒状態での能力では、それに必要な飛躍的一歩を踏み出せないからだ。そのほのめかしは感じるし、その影も感じる。通過できる場所がいくつかあって、意識的宇宙を経験し、また戻って来る……」

僕はうっとりしながらもハッとして、ひとりでに紙の上をすべっていくペンを見ていた。文章はさらに続いていった。

「変化への情熱の火を燃やし続けるのは、実に、実に困難。完全なる宇宙を認めることは、我らの活力を消耗させ……。我らの意志を失わせる。何もすることがなくなり、もっとひどいことには、何かをしようと、何かになろうとすること全てが無意味になっていく。

なぜなら、全てが至るところでその過程にあるから……。でもそうである必要はない。完璧は各部分に拠っているのだし、各部分に含まれているのだし、各部分の全ての動きが、他の全ての部分によって感じられるほどに……」

柔らかく、白くてぼんやりしているけれど、僕はこれにはイルカがからんでいることが分かった。僕はうっとりした中で思った。彼らは自分を使ってこれを書かせたのだろうか？　これは僕の超意識で、別の気づきのレベルから書いたのだろうか？　これは天使界からの声なのだろうか？　もしそうだとすれば、コミュニケーションがブロックされると知っている知的レベルでのコントロールを、自分がしているということに気づいた。

僕はクジラ目の三千万年の意識、いやむしろ自意識を通じて感じたのだ！　その時間のスパンは、僕らにとってどんな意味を持つのだろう？

ここでまた書くことが中断されたが、今回は自分の感情と混じり合っていることに気づいた……。

「ただ在るだけで十分なのだろうか？　誰のために生きる？　もちろん神のため、でもなぜ？　生きることを選ばなければ、それで少しは全体が変わるものなのだろうか？」

理性化と自意識は消えていた。僕はもはや、外部の力を何も感じなくなっていた。R・M・バックが独創性に富んだ著書、「宇宙意識」（Cosmic Consciousness）で述べているように、人間が意識の進化のハシゴを昇ったのと同じように、果たしてイルカとクジラの意識も進化したのだろうか？　こうした変化は、人間の取るに足らない百万年ほどの成長から出てきたようだ。これはまた、知覚を有する惑星の、他の生き物たちにもいえるのではないのだろうか？

数百万年もの間、ずっと意識を持ち続けるとはどういうことなのだろう？　ここで僕は、深い倦怠感におそわれた。終わりなき生死の輪。太陽と月と季節の通過。穏やかな陽気さと物憂い引き延ばしにより果てしなく続く生命……。

倦怠感が消えると、僕はフロリダの野生のイルカに抱いた感情を思い出していた。他にも、研究者に自らコンタクトをしたイルカのケースがあって、クジラ目の仲間の代表から、アプローチを受けているような感じがした。

もし、イルカが長い間意識的に、自分たち自身でそうした安全な場所を創ってきたとしたら、彼らには持続力に優れたたいい社会秩序があるのだろう。もしそうであるなら、なぜ個々のイルカが時どき群れを離れ、時間をかけ、大変な思いをしてイルカの状況に敏感な人間たちとの関係を作ろうとするかの説明がつく。社会分析家であるフィリップ・スレーターの、人間社会のとらえ方と似てなくもないが、要するに、文化的な単位を形成する社会において、中心的な者たちが予言者を形成し、その予言者が新たな領域にあえて出て行き、戻ってその様子を報告し、よって文化全体の境界が広がるのだ。こうした単独のイルカらは、全般的なクジラ目社会が人間を本当に理解できるようになる方向へ、少しでも進むよう手助けしているのかもしれない。

首尾一貫した恵み深い宇宙にあって、僕ら二つの種が進化の過程の、ある一点において深遠なる新たなコンタクトをしているというのは、まさに否定できない真実であるに違いない。イルカが僕らにもたらす社会的、物質的貢献を見るのは容易だが、むしろ彼らにとっての多くの鍵を、僕らが握っていると知ることもまた重要だ。僕らは、たとえばものをつかめるような親指を備えており、宇宙に飛び出したりできるだけでなく、全く異なる感覚を理解するという、この上ないメリットを彼らに与えもするのだ。

そして、もし人間の意識を高めることで、彼らが神のように生きる方向へ僕らを導いてくれているのなら、それはどういう意味があるのだろう？　つねに宇宙意識の状態で生きるとは、どういうことなのだろう？　より優れた知性とは？

僕らが通常の状態では把握できないのに、彼らにはできることとは？　それには限界があるのだろうか？　落とし穴があるのだろうか？　部分的全知といったものはあるのだろうか？　各次元の実相を、こうしたレベルでとらえる生き物に残された課題とは？

こうした事がらを考えながら、僕はフロリダに行く前に考えたのとは違う、新たな質問が湧いていることに気づいた。これらの答えとして、今後どういうことが待ち受けているのだろうと思った。

その年の十二月初旬に、僕はまた驚くほど明白な夢を見た。その時のことを、こう書いている。

「イルカが僕の周りをグルグルと旋回している。六辺形はとても大切だ。シーンが変わって、僕を入れて六人が、上の方から見られていて、大きな六辺形になって立っている。それは何かのパワー配置、おそらくテレパシーの受け手としてのフォメーションかもしれないが、よくわからない。その上に最初の二つのUFO目撃の出来事が重ね合わせられ、光の位置に黒地に白で、六辺形が浮かび上がっている」

（以上）

何よりも大切なことは、この夢はイルカ／六辺形と、続いていく旅の肝要な部分となる、エネルギーとテレパシー受信の両方とをつないでいくということだ。

少したってクリスマス近くの頃、友人が僕にテッド・ムーニーの優れた処女作、〝Easy Travel to Other Planets〟（他の諸惑星への容易な旅）をくれた。この本は、基本的にイルカと人間とのやり取りを扱ったもので、下等の実存主義の言葉を折り混ぜながら、洗練されたニューヨーカーの小グループが、イルカの呪文にかかったかのような、テレパシーのトワイライトゾーン（黎明）に踏み入っていく運命を描いたものだ。素晴らしく痛烈な小説であり、イルカと人間のやり取りのトーンや感情が、あまりにも美しく描かれているので、テレパシーの世界からのチャネリングでないとは、とうてい信じ難いほどだ。

　ムーニーはイルカを、大量のデータを同時に処理できる夢見る者《ドリーマー》、愛する者《ラバー》として描いている。イルカはテレパシーの詩人であり、環境への懸念から、人間とより近くコンタクトをとるために奮い立っているのであり、テッド・ムーニーもほのめかしているように、広大で時間を超越した存在として、すでに僕らの現実感を広げているのかもしれないのだ。

　イルカと泳ぎ、クジラ目の知性のより散文的な側面について考えるのに、かなりの頁数を費やしたテッド・ムーニーの小説は、僕の中に、フロリダでオードボーンの写真集を見た時と同じ感覚を引き起こした。イルカが、自分らの生活をもっと知って欲しくて、この小説を何とか僕の手に渡るように手配したことがよく分かった。実際、その著者がフィクションの文脈に織り交ぜているシンクロニシティが増えていくという現象は、僕がイルカに興味を持った時にフロリダの旅が用意された頃から、すでに周りで起こり始めていた。

　ここでは仮に、こうしたエリアを探索している者が、イルカ、あるいはその行動を導いているかもしれない誰かの、より複雑なゲームに引き込まれていくことになる、その全てを包括するスピリチュアルなマトリックスのようなものがあって、それが今紐解かれているのかもしれないとだけ言っておこう。もし今これを読んでいて、またテッド・ムーニーの本も読んだことがある方なら、この両著書を読むことになった自分自身のシンクロ現象について、考えてみるといいかもしれない。すると、そうした意味ある偶然の中に、似たようなテレパシーのマトリックス体験があることに気づくかもしれない。

さらに探求を続ける機会は、思ったより早くやってきた。バハマから帰ってきた同僚が、また別の、奇妙で感動的なイルカの話を持ち帰ったのだ。

彼はパラダイス島に滞在していたのだが、ある午後、野生のイルカに出くわす期待を胸に、ごつごつした岩の入り江に探求に出かけたという。彼は、僕らのフロリダでの体験を知って、自分でももっと試してみたいと思ったらしい。松林を通り抜け、潮の満ち干きでできた素晴らしい入り江を越えると、彼は突然、奇妙な光景に出くわした。それ自体が湾になっている露出した岩に、突然大きくカーブした、未来的なコンクリートの埠頭があったという。その後ろ手には、大きなランプ（傾斜路）のように見えるものが延びていたが、またしても不思議なことに、それはどこへもつながっていなかったというのだ。

彼の頭の中では、いろいろなことがグルグルと回っていた。それを前に見たことがあったのだ。ＣＩＡの秘密の積載基地？　それとも幻覚のフラッシュバックを見ているのか？　デジャブーか？　いや雷玉？　ドクター・ノー？

そう！　ジェームズ・ボンドの映画の一シーンがそこ、バハマで撮影されたのだ！

それから長いカーブを通って、明らかに映画のセットの一部である小さな橋を渡って行くと、彼のすぐ前に、「イルカはこちらへ」と矢印がついた看板があった。

数分後、透き通った青い環礁沿いにぐるりと歩いた後、彼と連れ合いは前に見かけた最初の二頭のイルカたちを、ごく近くで見ていた。そして、午後の太陽の中、エキゾチックに延々と愛し合った。それは何にも勝る魔法であり、以来彼らは二人とも、即座に大のイルカ好きに〝改宗〟されてしまったのだ。

その後、彼らが雪に埋もれたニューヨークに戻ると、四頭のイルカがその島の近くで捕獲され、島のブリタニア・ビーチホテルにある、個人所有のイルカ水族館にいることが報じられていた。それは大きな水族館よりも、捕獲イルカを研究し、観察するいいチャンスに思えた。

フロリダの野生のイルカへの敬意から、僕らはタンパに住む友人に電話をしたが、特に変わりはないようなので、パラダイス島に行くことにした！

第5章 回路が開く

四頭の捕獲イルカ

フォート・ローダーデール上空を旋回している時、操縦士からのアナウンスがあり、困った声で、バハマ行きのフライトは島の公務員らのストライキにより全便欠航だという。フォート・ローダーデールで立ち往生するイメージ、タンパに野生のイルカを見に行くイメージなどが頭に浮かんだが、着陸すると、うまい具合にフライングボートと呼ばれる、小型の一九四〇年型水上飛行機を、二十人乗りに作り変えたものにぶちあたった。これなら空港が要らないから、パラダイスに安全に着くことができる。

僕らは人でごった返すターミナルの中で、落ち着いて乗り継ぎを待っていた。バチバチと雑音が混じるスピーカーから繰り返される、がなりたてるようなメッセージが、現代の洗練され

たメカや電気製品は、次第に金属疲労の如く崩れていくという予感を、あらためて確認させているかのようだ。

それに比べて水上飛行機は、風と空気圧を受けながらも、濃紺のカリブ海の上をひとっ飛びに滑っていった。激しい振動に嬉々としていると、コックピットに招き入れられ、油がこびりついたガラス越しにビミニ島が、そして周囲の環礁や砂洲が目に入ってきた。ここをアトランティスの名残りだという人もいる。

気がつくと僕らは、泊まる予定のブリタニア・ビーチホテルの建築家である二人の隣席に座っていた。一人は心理学修士を持っていて、僕らのイルカの冒険、特に二つのUFO目撃事件に興味を示した。彼は、イルカのもつイメージが、直接僕らの脳に投射されるという可能性にも触れた。彼は続けて、テッド・セリオスが行なった面白い実験のことを口にした。セリオスは、決められた条件下で強く念じることで、フィルムにイメージを念写することができたのだ。この驚くべき実験は、全ての錬金術師の心を和ませてくれるはずだ。思考自体が、未現像のごく感光性の高いフィルム原版に、何らかの効果をもたらし得るのだろうか？

その建築家の知的な興味もさることながら、彼らとの思いがけない出会いもまた、何か高次の手が加わっていることを見せつけるものだ。僕はこの時点でまた、イルカの存在を感じ始めていた。

こうしたウキウキする一時間の後、水上飛行機はパラダイス湾にスリル満点の着陸をし、小さなタラップを放り出した。僕らは生暖かいトロピカルな夕べに放たれた。そこには、「パラダイス（天国）へようこそ」という看板があった！

翌日は、島の地理に馴染むことにした。ここもまたとても美しい島で、孔雀のような強烈な青をした透き通った水が、澄み渡った白いビーチに静かに波打っていた。海とイルカの住む環礁をつなぐ二つの小さな橋の下を、浅い運河がゆっくりと流れていた。運河の岸の白い斜面に沿って、松とカバノキの林が、僕らのホテルとビーチを分けていた。だがホテルは大工事中で、削り取られた土が、華麗な雰囲気の周辺と不気味な対照を見せていた。

イルカのいるところは鉄条網が張られた大きい環礁の方で、長い木の一辺がプラットフォームになっていて、プールの上に三メートルほど張り出していた。このプラットフォームはまた、ホテルの水泳プールのサンデッキにもなっていて、イルカから十五メートルほど離れたところにあった。イルカが囲われているエリア自体は、さらに三つのプールに分かれていた。ショウのために使われるプールは驚くほど小さく、僕らが行った時、そこには大きな一頭のイルカがいた。あと二つのワイヤーメッシュが張られたプールのうち小さい方には、三頭のイルカがいた。うち二頭は中くらいの大きさで、一頭は明らかに小さくて年若かった。

僕たちが近づいて行き、木の手すり越しに初めてイルカの姿を見ると、四頭とも活発に動き始め、宙に跳ねたり、プールの中をスピードを上げてグルグルと泳ぎ回ったりした。その時は特に何とも思わず、ただその美しさに見とれていただけだった。そしてニューヨーク水族館での経験と同じく、その痛ましいほどに狭い住みかを見て、深い悲しみをおぼえた。だが、ここには一つ矛盾があった。一・五メートルほどの高さの金網のフェンスがある方のイルカのプールは、見るからに窮屈だった。イルカが跳ねるのを見ると、容易にフェンスを飛び越えて外海に出られるのは明らかなのに、彼らはなぜそうしないのだろう？

僕らは、強いられた捕獲の結果を見ているのだろうか？　その日、後で出会うべくして出会ったバハマ人のラスタマンであるラスタ・ボブがほのめかしたように、トレーナーが組み込んだ何らかの微妙な催眠的拘束が、ボブの言葉を使えば、イルカを〝あおって〟いるのだろうか？　あるいはまた、彼らが野生のイルカほどの意識レベルを持っているとして、自分の使命を果たしているということもあり得るのでは？　先生の役割、外交関係、人間の研究……。

この三番目の可能性として、ラスタ・ボブは、捕獲イルカは個人のことを実にはっきりと記憶しているのだと言った。もし誰かがたった一度でも餌をあげ、あるいはショウを二回ほど見て、そして一年後に戻って来たとすると、イルカはその人のことをちゃんと覚えていて、特別な芸を見せたり、その他なんらかの方法で反応したりするらしい。

その日の午後四時に、僕はプールに戻って餌付けを見た。どう見てもお決まりのぞんざいな営みで、これまでに見たことがあったかどうかも定かでない。おそらく初めてだろう。僕は、イルカが食べるところを見ていなかった。誰でもそういうものだろう。十五分ほどして、小さな群集が何やらブツブツと言いながら出て行った。合流したパートナーと僕は、二人だけでプールを見下ろしていた。僕が最初ここに来たとたんに、イルカがまたジャンプしだしたんだ、と彼女に言った。この時には、謎が少し解けてきていた。彼らの生活を、普通より長い時間見る機会があった。彼らは大方受動的で、日に二回のショウの時にそこを出るだけで、一日の大半を一つの場所で過ごすのだ。でもパートナーがやって来ると、まるで僕の加勢をせんばかりに、またジャンプして遊び始めた。

たぶん偶然？　こうしたことというのは極めて繊細だから、フィーリングを大切にし、理性でそれを抑えないようにしていた。何らかの微妙なコンタクトがなされていた。手すりに寄りかかっていると、大きい方のプールにいた二頭のイルカが、鋭い目で僕らをチェックしながら、ゆっくりと僕らの下をくぐって行った。

とてもではないが、興奮を抑えきれなかった。彼らは巨大で、なめらかで、全くもって自信たっぷりにそうしたのだ。彼らは互いに鼻をこすり合い、その官能的な体をくねらせた。一頭が大きな海草を探し出し、ある位置に浮かべて、それで脇腹を撫でさせるようにゆったりと泳いだ。リラックスして楽しそうだった。

彼らは僕らに目で合図した。それは、力はこもっていなくても強烈に、僕の心からほのぼのとした暖かさと愛情を引き出した。そして突然、「ああ、何て美しいんだ……。君は実に美しい……」という思いが胸一杯に溢れた。情緒に溢れることは、往々にして神意識の前触れであるということを、僕は思い出した。それで少し抑制がきいたが、そうでなかったら僕は、フェンスを越えて彼らと一緒に遊ぶべく水に入っていただろう。でも、まあ落ち着いて……。他の方法もあるのだから！

ラスタファリアンのこと

その日の午後になって、ホテルの庭を歩きながらのパートナーの提案で、外に少し並んでいる店を覗いてみることにした。

ラスタ・ボブは街角に立ち、まさに世界のブラザーの身ぶりそのもので、クサ（マリファナ）を売り込もうとしていた。彼にはどこか、ソフトさといい感性があり、それによってもっと若くて熱心な、右側でやっている男の下手な寄せ口上を威圧していた。この観光客（僕のこと）には、低級な土地のクサを、センシ（訳注：上質の種なしマリファナ）だとは偽れないと読んでいるのが伝わってきて、彼の処世術に感心した。

ショッピングの後、僕らはまたボブに会って、三人で環礁の埠頭に座り、日没を眺めた。彼は一般庶民の感覚で見た島の情勢──それが何より正確であることが多いのだが──、カリブ海全域を通じてみられる庶民の無気力、そしてその中での政治腐敗について話した。

「ここの者は……」と、彼は自分をバハマ人とは切り離しているかのように、軽蔑を込めてしゃべった。

「みんな金が欲しいんだ。白人の真似しやがって、あれこれ物を欲しがってよ。だから政府もそうさせながら、うまく抑えているのさ」

ここには野党というものはなく、ごく小さな、僕が思うに、静かな革命的社会党というものがあるだけらしい。

「これが政治力を持つチャンスなんてゼロだぜ。何たって政府が金を吸い上げてるからよ。気に食わない奴には、三十日猶予の通告だけで、出てけとお払い箱さ」

話は、イルカのことになった。多くのラスタファリアンがそうであるように、ボブも、全ての生き物への深い感謝を持っていた。世界中の南の島に住む人たちがそうだが、彼もまた、イルカに対して特別な愛情を持っていた。

「昔住んでたグランドババハマじゃよぅ、昼間っからイルカが俺の目のまん前で飛び跳ねたんだぜ」

彼は自分で撮った写真を見せてくれると約束した。

「ラスタマンは、イルカととても近いんだ。ほんとに凄い奴らだよなあ。親切にした人の顔を、決して忘れないんだからよ」

彼の声は、夢見るようにソフトになった。

「時々俺、向こうのプールにいる奴に餌をやるんだ」と、彼は環礁の約七十メートル先にある捕獲プールを身振りで示した。

「もう、奴らにメロメロだよ」

彼の言うことは実によく分かる。それに彼が、イルカのことを知っているのも分かった。心を開いている人がイルカとつながる時の、あの静かに響き渡る調子が……。「メロメロ」と聞いて、テレパシーの網をイルカが投げかけているのかも知れないという、前から気になっていたことがまた頭に浮かんだ。もしそうなら、それは視覚や非言語コミュニケーションを司る、右脳の機能であろう。また、ラスタマンが常用する大量のガンジャ（インド大麻）からすれば、彼らがイルカとのコンタクトにオープンなのは、実に当然としかいえまい。

ボブはさらに、イルカのトレーナーが、捕獲されたイルカを　おって　A束縛していると続けた。あまりいい状況ではない。

「そうよ、イルカはいつだって外海に出られるさ」と彼も合意した。

「でもよ、トレーナーの馬鹿野郎がよ、イルカをルーチン（決まりきった動作）に組み込んで阿呆にしてるんだ。毎日毎日、同じルーチンを馬鹿の一つ覚えみたいに繰り返すだけでよ」

洗脳と催眠

僕はそこでピンときた。それが何らかの催眠的洗脳であることをほのめかしていた。特定で詳細なルーチンを、オープンで受身的な精神に刷りこむことで、何でも人の言いなりになるよう、魂を殺してしまうことができるのだ。ほとんど全ての工業社会、そしてもっと極端な形では刑務所、軍、宗教的カルトなどで使われているものだが、そのことにはまだ誰も気づいていないのだ。だが、イルカも、トレーナーの催眠的網にかかってしまっているというのだろうか？

夜中過ぎになって、パートナーがプールに下りてきた。その頃には散歩している人たちも皆な、魅惑的な音がするカジノへ入っていた。プールは僕たち二人だけだった。

彼女が足で床をトントンと打ち鳴らすと、すぐさまイルカが飛び跳ねて水を吹き上げた。彼女がイルカに向かって歌い始めると、イルカも彼女にキーキー、カタカタと音を返してきた。

それに比べて僕の方には、おどけの一つもなしだった。それで立ち入り禁止と書かれたゲートをよじ登ると、二人のホテル従業員が顔をしかめた。すでに眠っていたイルカたちに少し近づけたのだが、僕を見たという様子もない。そうしたら下の方から騒ぎがして、ガードマンが僕を呼んでいた。僕に何かあったら、自分が責任を負うことになると恐れていたのだ。イルカが果たして、どんな害を与えると彼は思っているのだろう？

彼らの方へ行こうとすると、僕の一メートル半ほど下の方に、ゆらりと浮いている一頭のイルカが見えた。でもそれは、大きな灰色の鉄で、怖い形に見えた。そのイメージは果たしてどこから来たのだろうか？

戻ってから僕は、ガードマンとおしゃべりをしてみた。もしやと思っていた通り、イルカたちは日にたった二回、ショウタイムの正午と午後四時にしか餌をもらえないことが確認された。大型の哺乳動物に餌をやるには、奇妙な時間だ。野生のイルカだったなら、食べたい時にはいつでも食べるだろうに！

けれど、そうして食物の摂取を規制することもまた、行動をコントロールするのに一役かっているのかもしれない。霊的に開いている人は、粗悪な栄養状態に特に弱い。これは僕らが思っているよりはるかに、みんなそうなのかもしれない。そして、より精妙な意識範囲で機能しているイルカは、こうした類の操作に極めて弱いのかもしれない。

いや、もっと何かあるはずだと、僕は本能的に強く思った。なぜイルカはパートナーにはジャンプして歌うのに、僕にはしないのだろう？　たぶん僕は、そこで起こりうる何かを期待をしていたのかもしれない。フロリダで学んだように、先入観というのはイルカと近づくのに必要な、意識の助けにはならないのだ。いや、彼女は一人でいたけど、僕の場合、ガードマンたちとホテルの従業員たちがずっと見ていたせいかもしれない。

そう考えてみると、フロリダのイルカ、ニューヨーク水族館の捕獲されたイルカ、そしてこと、僕たちとイルカとの関わりにつきまとう、ある問題が明らかになった。僕はこうした瞬間にぶつかると、必ず心の中で、これは何か奇妙なゲームだぞと思うのだ。自分のペースで導かれているのはほかならぬ僕らであり、イルカは僕らの知らない何かを知っていて、それを伝えようとしているのだ。

翌日になって、パートナーがお昼のショウを見にプールサイドにやってきた。イルカたちは、特に僕らを認めた様子もなく、餌を食べることで忙しそうだった。僕は三十分ほど遅れて行ったので、僕が着いた頃には、二頭の飼い慣らされたイルカが、餌をもらいながらおざなりの芸を見せていた。しかしそれでも、イルカの動きは非常に美しい。とにかく、イルカはどこにいても素晴らしくしか見えようがないのだ。ショウは大きな水族館には程遠いもので、トレーナーは僕らが近くで見ることに慣れているのか、奇妙な防御のオーラを発散していた。ここのトレーナー、デュークはがっしりしたマッチョな若者だった。彼がここ二、三日胡散《うさん》臭そうに僕らを避けようとしていたところからすれば、僕らがここにいるのを意識していたのは確かだった。自分はいいことをしていると思っている彼は、ニューヨークくんだりからやって来た物書きから、イルカの方が彼よりはるかに知性があるというようなことは聞きたくもないだろう。

ショウに戻るが、イルカは、デュークが最初にフープ（輪っか）を、そして大きなプラスチックのフリスビーを投げ、自分たちが拾って戻って来る芸をしている間、デュークに向かってカチカチ、ギーギーと音をたてていた。彼は小さい魚をご褒美に与えた。それから、ビーチボールが出てきた。彼がそれをイルカに投げると、イルカはそれを顎の下に抱えながら二、三秒泳ぎ、それから彼にボールを返してよこした。これが二、三回繰り返されたので、イルカは自分の投げるボールの行方を、極めてよくコントロールしていることが分かった。

それから、一頭のイルカがボールを口先で高く持ち上げ、金網のフェンスの向こうの小さい方のプールに投げ入れた。それは、イルカがわざとしたのではなく、偶然のように見えたが、デュークはイルカの気ままなやり方が面白くなさそうだった。彼は、実はイルカがわざとそうしたことを十分に知っていたのだ。彼は不機嫌そうに、まだ十分に訓練を受けていないイルカたちに、うまいこと投げてよこさせようとした。彼はイルカに、せっかちな手のジェスチャーで指示をした。でもイルカは、ボールを返さなかった。彼は、次にフープを投げたが、またしてもうまく返ってこなかった。

何か奇妙なことが起こっていた。デュークは悔しそうにしていた。彼の手に負えないことで、状況はますます悪くなっていた。

しばらくして、彼はビーチボールのやりとりを諦め、ショウと餌づけが続いた。僕らはイルカが芸をした時は、感謝を示そうと思って大拍手をした。芸は次から次へと続いたので、どこからどこまでが一つの区切りかはわからなかった。明らかにイルカに魅了されている見物客たちは、ショウがだらだらとけじめなく続いていくので混乱してきて、また遠くから聞こえる、ビンゴの数を告げるけたたましいスピーカーの音で、次第にそれぞれ、催眠的なトランス状態に引き込まれていった。

僕とパートナーは、二頭のイルカが僕らをチラッと見ながら近くにきた時、軽くキスをした。

するとそれが合図とばかりに、イルカらがジャンプし始めた。この時にはショウは終わっていて、デュークは自分のサンドイッチのキュウリを切っていた。二頭の内、小さい方のイルカがプールから、好奇の目でキュウリを見つめていた。僕らは、プールサイドの手すりから二メートルほど離れたビーチチェアに座った。フロリダを思い出しながら、パートナーは何が起こるか、イルカの関心を少しだけ引いてみようと言った。

イルカとの体外離脱体験

暖かい太陽の下で横になっていると、僕はいつの間にか深い瞑想状態に入っていた。僕は自分がイルカになって、水の中でぐるりとくねったり回ったりしているのを感じた。そうしたリラックスした、拡大された意識野においては、イルカの意識野とからみ合えることが分かった。そうして、水が肌に触れていく感覚が永遠とも思えるほど続いたところで、思考が混じってきた。イルカが僕らのことをとらえ、なぜ僕らがここにいるかが分かった……という深い確信を持って、僕はトランス状態から戻った。この短い、しかし驚くような出会いを記録したくて、僕はポケットテープレコーダーを手探りで探したのだが、持ってきていないことに気づいた。起き上がって靴を履き、ホテルの部屋に取りに行こうとしてドアを開けると、僕はまだ、イルカの意識の中にいるというごくはっきりした印象を受けた。イルカが僕の脇に、ぴったりいるようだった。イルカが僕の体に住んでいて、冷ややかな青い回廊をすうーっと動いていくのを、僕の目を通して見ているのだった……。

そして、部屋に入ってテープを探そうとする頃には、そのイメージは消えてしまっていた。

僕は次に、四時のショウを見た、というかショウにならなかったというか、つまりまたしても、デュークはイルカたちを従わせることができなかったのだ。彼がゲートを開けても、イルカはプールから出ようとすらしなかった。それで彼は、水の中に魚網を投げた。何とも網とは！ これでは子どもを集めてブーゲンヴァルド（訳注：ドイツ、ナチスの強制収容所があった村）の映画を見せるようなものだ。僕は、デュークに対して少しげんなりしたが、彼は網のトリックが必ずうまくいくと思っていたようだ！

イルカがそこで見えなくなった。デュークも他の誰も、イルカがどこに行ったのか分からなかった。五分ほどして、僕の右側に立っていた女の子が、これまでいろいろなショウを見てきたけれども、こんなことは初めてだと言った。もしラスタ・ボブの〝推測〟が正しければ、そしてイルカがここに十五年もいるなら、彼らもとにかく、こんな馬鹿らしさに飽き飽きしたのかもしれない。イルカはもっとエキサイティングなことができるのに、デュークはいつまでもお決まりの輪っかの芸ばかりやらせているのだ。このみすぼらしい狭いプールでなく、なぜ環礁全部を使ってやらないのだ？ なぜ子どもを背中に乗せようとしないのだ？ イルカに深く魅せられている人々との接触を、もっとオープンで、もっと自然な状態でできないものか？

とうとう、イルカが水面に躍り出た。僕はそれをポラロイドカメラにおさめた。僕はイルカが超音波を当てられているのに気づくかと思って、わざとソーナー・ワンステップカメラを使った。デュークは、大きなジャンプの時に使う高いプラットフォームにいて、魚を手に、しなびた海草みたいに身を乗り出していた。イルカはデュークと、それからギーギー音をたてるゲートをじっと見て、出て行くのを拒んだ。

「超音波はやめて！」

大きくて、はっきりとした声が心に響いた。

「超音波はやめて！」

まただ。分かった、分かった。メッセージは受け取ったよ。それとも僕の思い過ごしか？ま、とにかくカメラはやめることにした。するとイルカは、即座にジャンプし始めた。これも偶然だろうか？　僕が写真を撮るのをやめてからは、ショウはずっとましになり、二頭のイルカは互いに絡まりあうようにして泳ぎ、僕を見上げてニヤリとした。

この頃には、観客もだんだんまばらになっていた。若くて強そうな南部訛りのあるアメリカ人のドンがにじり寄ってきて、イルカと一緒に水に入りたいよなあと言った。おもしろい奴だと思った。まるで僕と同じじゃないか！

「妻と今朝六時にここに来ていたら……」

彼は、何か企みがあるような様子で続けた。

「誰もいなくて、僕らとイルカだけだったから、水に潜ることもできたんだが……」

「なぜそうしなかったの？」と僕は聞いた。彼は頷いてウィンクした。

ドンは、フロリダのキーウエストにいる何人かの友達の話を始めた。その人たちは、雨の日も風の日も、同じ三頭の野生イルカに、四年間毎日欠かさず餌をあげ続けたそうだ。最初の数週間、イルカたちはあまり近寄ろうとしなかったが、ある朝、一頭が餌に近づこうとして水面から躍り出て、少しばかりケガをした。あり得る話だ。ドンの友人らは注意深く、傷ついたイルカを水に戻してあげたらしい。するとそれから、イルカはそれまでのように控えめでなくなり、それどころか小さな子どもを背中に乗せようとすらしたという。

ドンが話している間、イルカは自分たちに近づいてくるできるだけ多くの人たちとコンタクトをとる使命を帯びているのだというイメージが浮かんだ。

会社の何かの報酬旅行で来ているというドンは、カルロス・カスタネダの話になると、何と、カスタネダの本の全部を、三回も繰り返して読んだという。凄い！　こいつは気がおかしいか、ヘビーウェイト級の魔法使いか何かか？　全部を三回とは！　ラスタ・ボブもかなりヘビーだけど、こいつときたら……。

僕らは夕方、また会うことにした。彼は別れ際にペヨーテ（訳注：幻覚作用のあるサボテン）をやれば間違いなくイルカに同調できるよ、と言った。何ともまあ……。

数日間僕らを避けていたデュークが、僕のパートナーが描いた絵に惹かれるように、とうとう僕らに歩み寄ってきた。そして僕らをイルカのプールに招き入れてくれ、小さい方のプールで、イルカと僕たちだけにしてくれた。若いオスと、もっと最近になって捕獲された小さいメスのイルカが、喜んで迎え入れてくれた。僕らはゆっくり座って、やさしく話しかけたり、歌ったりして彼らと一緒にほぼ二時間も過ごした。彼らもカチッカチッと音をたてて僕らに向き合ってくれた。小さな黒い噴気孔を愛らしく、すぼませてはまた大きく開けたりした。彼らは五歳の子どもみたいに無垢で、それに何よりも見事だった。哺乳類の進化の木の一番上にいて、人を信じ、役に立とうとしていた……。だが、知性体として理解され認められるには、まだまだ至っていない。

これは、捕獲イルカと最も近くで親しく過ごせた経験だったが、しかしいくらやっても、ほとんど同等という感覚がわいてこない。それでは、一緒に遊んだらどうかとも思った。目の奥に知性が窺えるし、深いつながりの感覚も得られるのだが、最初の重要な出会いとしたら、あまりにも期待外れだ！　真に知性あるテレパシーが通じる種という僕の先入観は、それを心の目で投射しようと試みて、崩れていった。時に、偶然といった程度のものはあったが、決して直接的ではなかった。ニューヨーク水族館で体験した遊びとは、全く違っていた。

しかし、オスの方がプールに浮いていたビーチボールで遊び始めた時、何かがはじけた。さっき、デュークが失くしたやつかもしれない。イルカは注意深くそれの位置を定め、僕に投げてよこそうとした。僕は、イルカが集中してボールを尾ヒレのくるりと曲がったところに滑らせ、それを見るのに後ろ向きに体をよじり、そしてヒレを曲げる……、その一連の様子を見ていた。ボールは僕がのばした両手の下三十センチのところに落ち、跳ね返って一番大きいプールの方へ行った。引き分け！　イルカと僕は一瞬、まるでうっかり温室の窓を割ってしまった二人の少年のように、互いに見合った。

ああ、なるほど！　分かった！　イルカはもう一頭のイルカに合図を送って、ボールをこっちに投げ返すようにしているんだ。僕の心は躍った。凄い！　でも、もう一頭のイルカも、ちょっとだけ様子を見に出てきたけれど、思ったようになる気配はない。一番年長のイルカのブリットとタニアは、ずっと仲睦まじく結び合うばかりで、ボールには目もくれない。

その後、日記にも書いたのだが、イルカがセックス好きなのは、僕らと全く変わらないのだと冷静に認識したのだった。僕らがボールを投げ返して欲しいことなど全く意に介せず。それで僕の心は、奴らはただ大きくてかわいくて、バカな動物なんだと、また急速にしぼんだ。

それがほんの少し、意識の表面をざわつかせはしたが、まあいいかと気を取り直した。その時に、僕の中で猜疑心がゆっくりと頭をもたげていたに違いない。

そのちょっとした落胆の少し後で、僕はその二頭の大人イルカが結び合うのをぼんやりと見ていた。そのリズムとプールの中での体の位置は、ある識別できるパターンに沿っているようだ。つまり、この状況におけるこうした結合の結果の一つは、環礁の岸に打ち付ける一連の波となるということだ。ゆっくりとやってきたインスピレーションによって、僕はそうした波が沿岸を形成し、砂丘を作ること、実際、そうした環境の多くが、彼らの日常生活の副産物として形成されたのだと納得したのだった。

イルカの役割を知るカギ

日没がやってきた。僕はドクター・ノーの未来学的防波堤に一人座り、夕凪にゆっくりとギターを爪弾いていた。牧歌的に聞こえるかもしれないが、内面的にはそれほどではなかった。さっき感じた憂鬱感がまた襲ってきて、全く神のいない機械的宇宙という考えの中を、陰鬱に流れていった。生命が全く表面的で、物質的にしか見えない視点。それ自身の忘却の彼方にエントロピー（引き返すことができない）的に巻かれていくだけの、どんよりした営み……。素晴らしい未来の魔法を示してくれる神はいない。天使もいない。異星人も、イルカもいない。

あたりはだんだん暗くなっていく。僕が座っていると、誰かがやってきた。野ざらしになった小さな偽物の橋が、環礁の入口へとつながっていた。偉大なカルデア人の頭が、風や水によって削られ自然に崩れ落ちた眉をしかめて、威風堂々と僕を見下ろした。哀れな気分でギターを弾いている僕は、ひどく陰鬱な悲しみの中にいた。

すると、嘆きの情緒が急に晴れ、消えてしまった。夜が更ける前に、たぶんこの哀れな魂を邪魔しに、何かがやってくるのだ。

僕の霊は、この奇妙なカタルシスによって浄化され、僕は部屋へ戻ることにした。プールを通ると、メスのタニアが、仰向けになって僕をじっと見ていた。僕とタニアの目が一瞬しっかりと合うと、彼女は何とも豪華で意味ありげなウィンクをよこした。僕は喜び勇んでホテルの部屋に戻り、その頃読んでいた本を取り出し、J・G・ベネットが『偉大なる師、グルジェフ』の中でこう述べているのを見つけた。


「私は個人として自信がある……。そうした仕事（偉大な宇宙の目的のために必要なある仕事）というのは本当にあって、表面では必ずしもはっきりとは分からない方法で、それを理解する人々がいるのだ。つまり、地球には事実上、二重生活があるということだ。一つは目に見える、我々がみな参加せねばならない対外的生活であり、もう一つは、我々が選ぶ場合にだけ参加できる、見えない生活である。ある意味、最初の生活はコーザルライフ、つまり過去の因が現在の果をもたらし、さらにそれが未来の因となるというものだ……。これはもちろん、〝サンサーラ〟、〝生命の輪〟などといった名前で呼ばれるものだが、簡単にいえば、僕らみんなが生きている普通の生活である。

二つ目のノン・コーザルライフとは、つまりそれが創造される限りにおいて存在するものである。これは創造性の生活である。あらゆる創造的行動を然るべく行うことが、その生活に参加する手段である。そして創造への探索は、生命への探索なのだ。

それが〝仕事〟という言葉の意味するところであり、われわれが〝仕事〟や〝偉大な仕事〟について話す時は、見えない世界のことを言っているのであり、それがあるべくしてあるために、永遠に創造され続けなくてはならないものである。そしてもし我々が、その加速された完成をみる運命にあるのなら、我々はそれをするのだ。その世界に入るには、そこにいるための権利を獲得しなくてはならず、そのためには、そこに自分で作った何かを持っていかなくてはならない。持って行く最初の、最も簡単なものは、自分自身の仕事の能力、エネルギーを変換する、よって創造に参画する我々自身の能力である」


さらに数行後にはこう続く。

「我々の世界の未来に重要なことは、あらゆる形の人間の経験が統合されることである。仕事は人々を一つにとりまとめていくことであり、分裂させることではない。私はこれが、我々の二十世紀のごくはっきりした性格であると確信している。ある意味では、この統合していく義務は、ごく深刻な反応を引き起こし、よってやっかいな戦争や敵意、憎悪といったものを見てきた。だがこれら全ての裏に、孤立するのではなく何とか統合しようという強い衝動があるために、これらが起こることが分かるだろう。このごく明らかな特徴の一つは、世界に見られる寛容の増大、そして人々の相互受容であり、たとえ気の重くなるようなことがたくさんあろうとも、今世紀の最も希望のある、素晴らしい様相であるのだ」

そしてベネットは最後に、優れたまとめと、グルジェフの教えの最も基本的な点を、以下のような瞠目すべき言葉で終えているのだ。

「私は現在、人類の隠れた事がらを指揮している非凡なる力、超人的知性、そして意識に、心底驚いている」

自分の心の言葉の中に、自分の多くの質問に対する答えへと導いていくものがあることを、僕は知っていた。こうしたフォースの微妙なバランスに、もっと多くの人たちが注意を払う時が来ることを、僕は夢見た。過去の賢人たちの偉大な功績についてじっくり考え、また僕らが〝現実〟と思っていることの実に多くが、ごく僅かな人々の行動、思考、知覚に元があるということに思いを馳せた。中には、アメリカの国旗を選ぶ時によく聖（サン）ジェルマンの影があったと言われるような、そこにいたことを証明する手立てがないながらも、見えざる世界の息を感じずにはおれないこともあるのだ。

これを理解することが、ある意味でイルカの役割を知るカギだろうか？　イルカはこの、ベネットが語る見えない世界の創造と維持において、不可欠な役割を果たしているのではないだろうか？　たとえば、ウランティアの宇宙論のようなスピリチュアルな伝統は、僕らのごく身近にいる極めて高次の存在たちについて語っている。あまりに身近なために、その名を明かすことすら、彼らの安全にとってはアンフェアであり、有害であるのだ。

僕の冒険に鑑《かんが》みてみれば、こうした伝統が示しているのは、もしかするとイルカではないだろうか？

サイキックエネルギーが増す

僕らは春分の日の夜十一時に、都会の魔法使い、ドンと彼の妻に会った。旅先ゆえに、もう二度と会うこともないと分かっているせいか、僕らは普段のバリアを外して、ごく親しく分かち合う意識に入っていった。

イルカのプールで出会ったということも、サイキックトリップに僕らがすぐに入れたことと、何かしら関係しているのかもしれない。僕らはゆっくりと、環礁の口にある小さな橋に歩いて行った。白い砂の道が、月光に照らされた水辺に沿ってくねっていた。海に近づくほどに、ホテルの喧騒が遠ざかっていった。パートナーは前の日に、まるでチャネリングのメッセージのように確固たる威厳を持って、僕らが夜中に小さな橋のところにいるべきだと断言した。

この橋は、僕を突然襲ったあの意気消沈の不思議な記憶を、まだ漂わせていた。おそらくそのことも、この場所に浸透している強い感情を増幅させていたのかもしれない。巨大なカルデア人の頭が月光の中、高くそそり立ち、朽ち果ててボロボロになった舗装の屑が、足下にあった。万事が万事、これからやってくることの奇妙さを周囲に漂わせていた。

ドンと彼にぴったりとくっついている妻は、奇妙な前触れに段々と興奮していくようだった。気がつくと彼ら二人は、木々の間を抜け、カジノが見える安心できるところまで、すでに逃げ帰っていた。取り残され、夜中近くに、僕らは二人だけになっていた。

僕は高まりゆく強力なフォースにとり憑かれ、言葉が口からほとばしり出て、立っては座り、行ったり来たりを繰り返していた。そしてパートナーや見えない存在たちに、情熱をもって語りかけていた。

そして静寂――。

その静寂が訪れた瞬間、僕らは二人そろって、魂の耳で三つのはっきりと異なる波音を聞いた。それはそれぞれに個性ある、とてもはっきりした特徴を持っていて、運河の方から轟々と音をたて、僕らが立っていた橋の下を通り、イルカのいる環礁の方へと消えていった。

それはぴったり真夜中だった。言葉がまた僕の口から出てきた。

「回路が開く！　回路が開く！」

僕は自分で何を言っているのかもわからぬまま、歌って踊って笑った。目の前に、いろいろなイメージが出てきた。撮影からは何年もたっているが、あの映画でドクター・ノーのセットデザイナーたちが、この夜に僕らがあの三つの波をとらえるために計画し、防波堤と断崖壁を巧みに工作したという、その精妙さを僕は見たのだ。間違いない！　僕は他のノン・コーザル（原因とならない）なレベルのリアリティから直感的に、こうしたデザイナーらの手に、天使の何らかの調整が加わっていたということが分かった。つまり、僕らがこの一瞬をとらえ、それを待っているイルカらに伝達するとは、スピリットの計画でなくしてありえようか。

僕はイルカや、僕が今感じ始めている存在たちが彼らを指導していたこと、そして、彼らの存在が地上のより精妙なエネルギーを保つのに関与していること、よって波が運ぶ情報などは、彼らにとって極めて重要だということが、絶対的確信を持って分かった。

そして、心のより深いところで、僕らのいるこの地球が、宇宙で長いこと悲しくも孤立してきたという状態が、今やっと終わろうとしていることが分かった。僕らのため、また僕らの小さな惑星系のために、生物が住むいろいろな世界をつなぎ、満ち溢れる宇宙を巡らせている回路が、何らかの聖なる憐れみの行為によって、復興されようとしているのだ！

このワクワクする確信は、数ヵ月後に天使という存在たちと直接会うまでは、はっきりとは持てていなかったかもしれない。その時点では、このサルガソ海岸の小さな島の形状と、地磁気的特性によってもたらされた純粋な啓示という、単にそれだけのものだった。

僕は何度もホテルのプールに通ってイルカを観察してきたが、初めてといっていい強烈な親近感を体験したのはそこではなく、ナソウ海底水族館でのことだった。それは、内なる旅が次の段階へといく入門の儀式のようなもの、つまり、イニシエーションだった。

陰鬱な気分を煽るような曇天の日に、僕らは水族館に出かけた。けばけばしいホテルライフの後では、静かで観光客もいないという状況が幸いした。

イルカのプールは、ガラスで囲まれた楕円形の水槽で、よく手入れされた熱帯性潅木やエキゾチックな花々に取り囲まれていた。その香りが濃くあたりに漂い、道沿いに並べられたホラ貝が、最近降った雨で光っていた。

水槽の中には、母と娘、二頭のイルカがいた。娘が生後数日の時に母娘ともども捕獲され、母親はそのショックで母乳が出なくなったらしい。半年ほどはヒヤヒヤする状況だったが、何とか持ちこたえて、今では娘の方が、前から水族館にいるどのイルカよりも何でもすぐに覚えるらしい。

実際、二頭は少ない観客の前で、共に素晴らしい演技を披露してくれた。ホテルのイルカと同じように、彼らも報酬としての餌や、ずっとここ一週間見てきた同じようなルーチンにばかりとらわれている様子だったが、こっちのイルカの方が、ずっと肌が艶々として健康そうだった。これは、二つの場所のセクシュアリティの形態とレベルによるものだろうと僕らは思った。オスなしでメス二頭がいる方が、ホテルのイルカたちにかかっている情緒の幕のようなものもなく、ずっと効果的なようだ。

ショウが終わった後、僕らはプール近くでトレーナーが出てくるのを待っていた。何気なく水に両手をつけていると、係員がトドをプールエリアから出そうとしているのだが、トドは頑として嫌がっているのが見えた。

水中の僕の手の近くを、何かがスーッと横切った。それは若い娘のイルカだった。艶やかな鼻、そして実に利発そうな目が、手からほんの数十センチのところから僕を見ていた。

僕が注意を向けているのを確認すると、彼女は口を大きく開けて、ダイヤの先端のような何列もの歯並びを見せた。そして、かなり強引に僕の指の方にわざとやってきた。瞬間的に、イルカも捕食性の動物だという恐れが僕の体を走ったが、彼女は音もたてずにやって来て、顎をちょこんと僕の手に乗せたのだ。

僕はそれを、彼女のごく深い意識的なジェスチャーだと感じた。彼女は自分で何をしているのかをちゃんと心得ていて、それに僕がどう反応するかということも読んでいたのだ。彼女はたぶん、地元の安い映画館で、「ジョーズ」だって見ていたかもしれない！　基本的に、異星人との出会いの初期には、誰もが選択を迫られるのだが、彼女はあえて相互信頼に共鳴する行動の方に出たのだった。

もうひとつ、ナソウでの僕のイルカとの最後の出会いもまた、こうした信頼と親密さのようなものを漂わせていた。それは水族館ではなく、早朝の太陽が涼しげに顔を覗かせた頃、ホテル内のプールの一つで起こった。それもまた、若いメスとだった。

ホテルはまだシーンと寝静まっていて、周りには人っ子一人おらず、波が打ち寄せる音と、鳥たちが餌を啄《ついば》む音以外は全くせず、静かだった。僕は木の柱に背中をもたせて座り、小さな木のプラットフォームの端に脚をぶらんと垂らして、数十センチ下にいる一頭のイルカに向かってギターを弾いていた。

彼女は、ルーチンを破るこの奇妙な出来事に魅了されていて、頭を水の上にちょこんと出して、半分目を閉じながら僕の音楽を聴いているように見えた。僕らのような耳はイルカにはないことを知っていたから、彼女はギターの弦の振動が織りなす音波を受け止めているのだと思った。彼女が歌い返すかと思ったが、それはなかった。

僕が二十分ほど立て続けに音楽を弾くと、僕らの間には調和のエコーが漲《みなぎ》っていた。彼女は、ほんの短い間じっとしていたかと思うと、スーッとプールの底に潜って行き、数秒後に歯の間に小さい石を挟んで現れ、僕にそれをよこしたのだ。

彼女は、その明らかな感謝のお返しのジェスチャーを、三回も繰り返した。僕らの間に、何か非凡な親密さが通い合ったのが分かった。

第6章
別次元の実相を夢見で現実化する

テレパシーの実践

フロリダで、最初に野生のイルカに会った時からずっと、イルカに身近に触れ合いたいという僕の強迫観念にも近い願望は、こうした二回の不思議な出会いでかなえられた。一つは音楽と石で、もう一つは、イルカが僕の手に顎を乗せたものだが、両方とも微妙さと、相互に通い合う濃い情緒に包まれていた。

こうしたことをあれこれ振り返りながら、僕らは海底水族館の庭に座って、そうした事がらがどこへつながっていくのだろうかと思い巡らせていた。

僕の興味の焦点は、テレパシーによるコミュニケーションと、知性ある種とのコンタクトだった。実際、この二つの要因があったからこそ、僕は少しのニュアンスも逃すまいと思って、逐一記録をとっておいたのだ。その時点では僕は、〝異種間コンタクト〟とは何かをあまりよく理解していなかったし、さらにはそれが何を意味するのかもわからなかった。ETが短時間現れてくれたり、半ば霊的な、膨大なる知性を備えた天使の実相に触れたりしたこともあった。当時、もし僕がもっと敏感だったら、今ならできるように、その他の知的存在たちや、自然の精霊とも呼ばれる鉱物、植物界の天使などの動きもキャッチできたのかもしれない。

こうした冒険の信憑性《しんぴょうせい》は、今僕らが〝イルカ道《どう》〟と見えるものを歩む中で、はっきりしてくる。要するに、リラックスした状態でいて、〝合図〟が現れたら追求するのだ。そうやって僕らが、次なる段階の体験をしたのはナソウでのことだった。そこでは、背景や文化が僕らとは大分違う、さまざまな人たちとの出会いが待ち受けていた。彼らとの出会いは、まるで異種間のコンタクトそのものといっていいようなものだった！

光のネットワーク

僕は、古代の知識の系統―大半が秘術《オカルト》だが―というのがあり、それは口頭伝承で、また注意深く守られた血統によって、受け継がれていることを知っていた。それらは有史以来、定期的に社会や個人に現れるのだ。だが僕は、光のネットワークとは何か、どのように機能しているのかを、全く知らなかった。それを僕らに教えてくれたのが、イルカだったことだけは確かだ。そしてイルカもまた、より高次のパワーの使者であることが、いっそう明らかになっていった。

そうした使者らは、僕らの冒険がもっと進んで行くにつれて、より明確になっていった。

僕らは、海底水族館から歩いて帰るという思いつきのまま歩を進め、もやの中をハアハアいいながら、二百メートルほど進んだ。

小道のところで立ち止まり、全く違う二本の木なのに、何と、一本がもう一本の中に入って共生しているという、驚くべき写真を撮ったりしていた。すると後ろの方から、今じゃ馴染みの「ヘイ、メン！」と声をかけてくる者がいた。振り向くとそこには、身長が二メートルにも届くようなラスタファリアンが、黒人のヤギ神、パンそのもののような頭に、まるでメドゥーサのような恐るべきとぐろ巻きのカールといった姿で立っていた。

僕らは、バハマにある彼の小さな住居に案内された。それは小屋と呼びたいところだが、これといって何もない部屋がいくつかあり、スカー（訳注：初期のレゲエ）音楽で家全体がスピーカーそのもののように振動し、反響している。

家主のヤギ神、マークと話をするのに、パートナーを入口のところに待たせ、黒光りするような彼の後について家の中を通り、裏庭へと出た。僕らは、植えたばかりの豆と唐辛子の間のコンクリートに座った。マークは肉を食べない。彼は、「動物を殺すなんてとんでもないぜ、メン」と言った。二人でそれぞれのハーブを巻きながら、僕はそれに賛成した。僕のハーブ、「ニューヨークJ」は、人差し指ほどの太さのマリファナタバコと並べると、馬鹿げたほどに無能に見えた。僕が、ジャマイカのラスタらがやるように猛烈な吸ったり吐いたりをやっている間、彼はパナマ・レッドを二回ほど、フゥーッと大きく吐き出しながら、見るからに機嫌よさそうだった。僕らは、ハーブが必ずもたらすように、咳き込んだり話し込んだり、笑い合ったりした。

ラスタファリーの預言者――シバの女王とオカルトの血統

バリアはとれた。僕は、マークが深い、共鳴するようなスピリットを持っているのが分かった。彼はやっと僕に心の春が来たことを知っていたようで、それは奇妙でいて、奇跡的な時間だった……。

マークが、木星の影響に関する講釈を垂れている時に、僕のパートナーも入ってきた。複数の星の〝合〟が、ここ二年ほど勢いを得てきているという。これが、何らかの新たなスピリチュアルな接触の始まりを与えているのだと彼は言った。

「星がこの〝合〟になると、スピリットが直接まっすぐ入って来られるようになるんだ。それは三角になるんだぜ、メン、あんたと俺と……」

彼は上の方を指差した。スピリットが、彼を通して話し始めるのが聞こえた。真実の言葉には特別なものがあり、心から出るその言葉は、意味を深く響かせるのだ!

彼は、ラスタファリアンの宇宙論を少し語ってくれた。僕もまた、深い内なる意味を聴き取った。彼は伝道ではなく、教示してくれていた。

ソロモンとシバは子孫を残し、彼らの子どもたちの長男から出たハイレセラシエが直系の子孫であること―これは、ラスタの考えにおける、エチオピア帝王の役割について、僕が彼にした質問への答えだった。マークがしゃべると、ラスタファリアンの考え方の、スピリチュアルな傾向がよく分かった。ダビデの家系をソロモンとシバまでたどると、当時最も強力だった二つの知識の系統の豊かなる結合に、間違いなくぶち当たるのだ。シバの女王自身はエチオピア人で、彼女の自然な知識は、エジプト人の権力中枢部にいる側近たちの、神秘の数々とよく符号する。これは、純粋で強力な血統の、遺伝的記憶の産物である。

こうしてユダの獅子、王の中の王、エチオピア帝王、ダビデとジェシーの直系の子孫であるハイレセラシエを、ラスタファリアンらはイエス・キリストの再臨にあたる人とみなしているのだ。

ラスタの信仰体系の中でも、これだけがいつも僕を悩ませていたのだ。彼のいろいろな肩書きのうち、帝王だけはしっくりこなかったのだが、ハイレセラシエが亡くなった時には、絢爛豪華とは無縁の素朴さの中で葬られたという。しかし〝偉大なる業績〟の精妙な実相において、本質的なことが明らかになる。血統は重要なのだ。自然の知識は、主に遺伝的なギフトという、近代科学がまだ完全には理解していないものによって、受け継がれるのだ。おそらくはこれを、スピリチュアルに想起させてくれるものとして、ラスタらがいるのだろう。彼らは実に公正実直で、全くもって素晴らしい人々だ。みんながこの、自らは目立たないようにしている一人の男（ハイレセラシエ）をめぐって、団結しているのだ。

僕はキリストの再臨はないと思う。だが真実のスピリット、スピリットの教えは、僕らの心の中にあると信じている。

スピリットがマークを通じて話す間、その感覚がますます深まった。彼は自分のことは全くしゃべらなかったが、おそらく三十代後半だろう。適度に富裕なバハマ人の商売人の、七人兄弟の長男として生まれたようだ。彼は妹と一緒に住んでいて、家では彼女が何かと彼の面倒を見ている。母親を敬愛しており、彼もまたみんなから愛され、尊敬されている。彼は地元の聖人、賢人、精神科医、そして恵まれない人に慰めを与える人、また学者であり、先生でもあるようだ。こうなるといくら素晴らしくても、生身の人間にはほぼ不可能なことに思われるが、案の定、家の脇には錆ついたエンジンが放り投げてあった。往々にして賢人は、自分の靴紐の問題を持つ（自分の足元がついついおろそかになる）ものだと言われるが、万事に精通していることはないものなのだ。

第一子ということについて聞いてみた。なぜそれを強調するのかと？

「第一子というのは、全能なる神に属するわけで……」と凄い言葉が出てきた。彼は、戸口両側の側柱や死の天使の話をとどめなく始めたが、チラッと見ると、僕のパートナーがしきりに頷いていた。僕らは二人とも第一子だった。

出会いの〝偶然〟は、新たなギアに切り替えられていった。空が暗くなり、周囲で雷が轟いた。僕らは、母屋に隣接する小さい何もない部屋に移った。コンクリートの床の隅に火が焚かれ、間もなく柔らかな煙が、半開きの雨戸の下に漂った。素晴らしく上出来のトルココーヒーがはいった。

「今朝、船で入ったばっかりだぜ、メン！　友達がくれたんだ」

マークは明らかにものの巡りもよさそうだった。

外は、どしゃぶりの雨が降っていた。数年前には僕もナソウに住んだことがあるから、熱帯の突然の豪雨は知っていたし、それに台風やハリケーンも他で経験していたが、これほどの大きさの雨粒は見たこともなかった。実に巨大で、なぜそれが数千もの小さい粒に分かれなかったのか、不思議なくらいだった。雨は漫画家のペンみたいに、宙を一筆でザアーッと白く染めた。僕らはこれまで経験したこともない、最高で、何よりも豊かな春への感謝に、歌い踊った。

その降り始めの唐突さと同じく、雨が唐突に上がったので、僕らは外に出て、濡れてキラキラ光っている木の下に座った。僕ら三人の間には、静かな喜びが漂っていたと思う。理解ある触れ合いに浴していると、言葉は不要だった。スピリットが僕らの間に漲り、集いはトップギアに入っていくのが分かった。

言葉が無用となり、マークと僕は互いの生命を深く見つめ合った。この沈黙の中で、僕は突如として実に明確なインスピレーションに襲われ、ハイレセラシエの霊力、バラカが彼の死に際して、マークに受け継がれたことが分かった。それはまさに直感的な確信だったが、僕のスピリットには疑いようのないものだった。

マークはそれを知っていた。前から分かっていたと言った。そして、ヤコブのたくさんの息子たちの複雑な血統につながる、自分自身の血統の話をした。こうした驚くべき啓示にある真実に対し、僕らは立ち上がり、厳そかに握手をした。

熱帯の午後に、僕らは話し、笑い、楽しんだ。マークは、自然の知恵と秘教の伝承者であり、彼の部族における真の預言者だった。

夜の帳《とばり》が下りようとしていた。僕らは心を開き、共に共通の父である神の御業《みわざ》が展開するのを見ようと、密売人がたむろしている通りを抜けて、街に戻ることにした。

ベイストリートに出た頃には、さっき会った売人のイライにまた出くわした。彼は、僕らがまた戻ってくればいいと思って、一日中目を光らせていたのだと、後で告白した。この出会いがとても大切なことを、彼は感じていたようだ。

一緒にレストランに向かって歩きながら窺い見ると、彼は花咲く春にトップリと浸っているようだった。地元のギリシャレストランに座ると、数分のうちにさまざまな想いがどっと溢れ出した。彼は、顔に当てた手の陰で泣いていた。そうやって吐き出すのを、もうずっと長いこと待っていたことがよく分かった。彼は、シン・リズィーやその他のバンドグループの地方公演マネージャーとしてアメリカ中を回り、いずれ独立したプロデューサーになるものと思っていたという。僕はそれを信じた。彼は他のチンピラとは違って、はるかに品格があったからだ。

だが、彼はそれらを全部捨てて、故郷に戻ったのだ。何故かは分からないが、自ら放蕩息子のように感じたという。しかしいったん島に戻れば、またそう簡単には出られないのだ。どうやら彼は、島有数の有力者の家の出らしい。十五人兄弟ということだった。

「俺は五番目で……」

僕はどう応えればいいかわかっていた。

「長男は誰だい？」と僕は聞いた。クールに振舞いながらも、彼の想いがまたも溢れ出してくるのが分かった。

「ヘンリーさ。彼は島一番のやり手の売人でさ、俺も大好きなんだ。何たって世界一よ。全く正直でさ……」

また涙が溢れ出た。イライは「五男のラップミュージック」と名づけたくなるようなノリで、兄への忠誠心につけこまれて、取引上でヘンリーから、たびたび信じ難いような目にも合わされてきたのだと訴えた。だが、常に愛情をもって、家族の結束を守ってきたのは自分だと付け加えることも忘れなかった。

ヘンリーはその時、かわいそうなイライを〝見るに忍びなかった〟のだろう。もっともイライは、自分は何があろうとも忠誠を尽くしたと言い張って譲らないのだが。

彼は兄のヘンリーにまた会って、兄弟仲を取り戻したくて仕方がなかったのだ。僕らは一緒に行くよと申し出た。会ってみる価値は、十分にありそうな男のようだ。それに、彼、ヘンリーはギターがうまいというし。イライはやはり、ギョッとしていた。こんなことを言われたのは、僕らからが初めてらしい。兄にまた会える喜びと、何かまずいことになったらどうしようという恐れとの間で、彼は大きく揺れた。ヘンリーが果たして、僕らのためにギターを弾いてくれるかどうかと思い、預言者的確信を持って、もしそうなれば〝仲直りできた証拠〟とも言った。最後にまた涙を浮かべて考えた末、あえてリスクをおかすことに、彼は決めた。

ゲットー音楽の進化

タクシーは〝山の向こう〟にまっしぐらに走っていった。〝山の向こう〟とは島の言い方で、どっちから見て言うかによって、町のバハマ人居住区か、あるいはゲットー（黒人など貧しくて社会的に少数なグループの住む地区）かのどちらかだった。僕らがある、見る影もない小さな家に着いた頃には、かなり暗くなっていた。前の木の棚には、素晴らしく元気なトマトが他のいくつかの果物と一緒に並んでいた。

玄関に近づくにつれ、イライはためらい、兄が不在ならいいのにともう半ば願っているのが分かった。カーテンがバタバタと動き、薄い壁の向こうから、「裏戸から入れよ、裏から……」というこもったしゃがれ声が聞こえた。僕らは頭をヒョイとかがめて、庭に向かって入口が開け放たれている、天井の低い物置きに入った。一番端のもう一つの扉からは、青緑色の光が漏れていた。小さなむんむんする部屋に入ったが、男たちが群がって際限なく商業的な交渉を続けるこういう部屋に自分がいても、特に場違いな気はしなかった。中でも、一番色白の女に反射した光が当たっていた。九人の男女は、ぼんやりした青緑色の四十ワットの電球の光に、突然現れた僕の白い顔を見て、見慣れぬ訪問者に対する警戒心から一瞬凍りついた。でなければ、もっとましな挨拶もできたのだが！

僕は、中央にいたアフリカ王のような風格の男と話をするべきだと直感した。彼は、柔道着とチェ・ゲバラのベレー帽をつけていた。

「弟さんが……」と僕は後ろ手を指差して言った。

「何とか話ができたらと……」とそこまで言ってやめた。何かピリリとしたものが部屋を走った。彼の声は、思ったより少し高かった。

「見ての通り、今取り込み中だからよ、メン、明日にしてくんないか……」と、こちらの反応を探りながら言った。

「遠くから来たから、じゃあ外で待ってることに……」と言いながら背中を向けようとすると、彼の中のホストの性質がむっくりと頭をもたげたのを感じた。そしてみだりに人を入れない、別の聖所に案内してくれた。彼の部屋のようだが、僕は特別扱いされた気がした。やっと家の中に入ってきたイライやその他の連中は、隣の部屋でワイワイと賑やかそうだった。

僕らはほぼ即座に心の言葉で話せた。話は島の政治、バハマ人の心理状態、新しい国の困難さ、野生のイルカ、うまくいった取引、いかなかった取引……と続いた。彼は、その時三八歳にして自分の選んだ職業の頂点にいたのだ。彼は〝ビジネスをやる〟ことの葛藤、そして国のために何かしたいという深い思いがあることを語った。彼にリーダーシップの素質があるのは、議論の余地のないところだった。彼の、見るからに非凡な落ち着きと経験から学んだ深い知性は、徹底した正直さと混ざり合っているようだった。ディランが言ったように、無法者であるためには、正直でないといけないのだ。

驚くこともないが、彼は例のマークをよく知っており、僕にとって心おきなく胸の内を話せる男の一人だということが分かった。その聖人然とした、いかした身のこなしで語る彼のマーク評は、確かに正確だった。彼は続けた。マークは誰でも彼でも信じてはならないこと、今、彼の人気を貶《おとし》めようとしている者たちも周囲にいることを知るべきだと言った。ヘンリーがどんなに助けたとしても、そういう取り巻きにかかったらたまったものではないと。

音楽がかかって、僕らは同時にそれぞれギターを手にし、楽しく会話を交わし、互いに体をくねらせ、揺らしながら弾いた。僕はフリースタイルでやったのだが、彼が僕にリードをやらせてくれているのに気づいた。真の王による優雅な計らいだ。フリースタイルに抗して弾くのは、真のミュージシャンらの心の妙がないと決してできないことだ。ジャズマンが待ち焦がれるのはこうした瞬間なのだ。こうして時が過ぎ、朝早く、最後まで残っていた酔っ払いがやっとお払い箱になると、極上のハーブが出てきた。ヘンリーは言った。

「あんたは感情で音符に触れる。指でうまく弾ける奴はいっぱいいるけど、音楽自体に触れることができなくちゃいけないんだ」

彼は、実にうまかった。内に秘めたパワーの中にも、甘く、旋律が美しく、ゲットーの武術と十四人の兄弟たちに揉まれた厳しさがあった。

彼の連れ合いの、エリザベスが入ってきた。若くてリラックスしていて、二人の間では彼が威張っている様子が微塵も感じられない。彼女は、若い魔法使いの卵だった。彼も彼女もそれを知っていて、彼女の魔力はヘンリーと出会ってからぐんと強くなったと、後で教えてくれた。ヘンリーが僕にオレンジジュースを持ってきてくれる間、彼女は気持ちよさそうに小さなベッドでくつろいでいた。僕のパートナーがそばにいき、二人は静かにおしゃべりをしていた。ヘンリーの弱った肺を、どうやって治すかを話し合っているようだった。彼は一年半ほどコカインを断っているようだが、明らかに具合が悪そうだ。僕は神秘的な二人の女性の間に、秘教的な会話が交わされるのを目撃し、そこから全てに良い影響を与えるような波長が形成されていくのが確信できた。シバの知恵は、必要と機会が出会って、バランスが取れた時に再浮上するのだ。

慎重に選ばれた飾り物が、綺麗に飾られた小さな部屋に、心ゆくまで分かち合える僕らのギターが空気を打ち震わせた。革命談義、この熱帯の島……。それだけで、もう十分に音楽だった。「人はビジョンを持てないから死ぬ」と僕のパートナーは言うが、ヘンリーも大きく相槌を打っていた。パイドパイパー（訳注：ハーメルンの笛吹き男）の如き彼は、島の人々を音楽と歌によって、心の知恵に連れ戻していくのだろう。

僕らは心を分け合い、二時間にわたって親しくギターに合わせて歌った。おそらく彼らもまた将来、この時にいかに知識と時代の知恵が分かちあわれたかを語り合い、この夜の歌を取り込んでいくことだろう。その日、第一子らが共に座って計画を練ったその時に、革命が、いや、もっといえば、願わくば進化が、島に再興したことを！

そして数百年ほどたったと感じられた頃に、最後にマリファナをもう一服入れると、タクシーが来て僕らを街中へと、車体をくねらせながら連れ戻してくれた。

イライは、前の席でクールに、しかし少し不機嫌そうに座っていた。兄にまた会えた喜びと、そして僕とヘンリーが即座に意気投合して、自分が少し取り残された悔しさとが、入り混じっていたのだろう。さらに彼は、自分で作った手工芸品を売りつけようとし、二十ドルとふっかけてきた。全く大した度胸だ！　もし僕が彼の立場だったら、決してできないことだ！

僕は十五ドル払った。何といっても僕は、スコットランド人なのだから……。

みんなでパラダイス島の橋に出て、僕らは夜更けに、うちぶれたボートや、文字通り山のように捨てられたホラ貝の塚の上に丸く架かる橋を、ずうっと上っていった。パラダイスではピンからキリまで、何でもかんでも混在している。何とも陽気なところだ。スピリットが島の生活の表面下で、フツフツと渦巻いていて、あっちの男の魂やこっちの女のハートを通して突き上がってくるのだ。海は変わることなくいつもそこにあり、つねにささやき続け、みんなに心地良い響きとなっているようだ。そして、馬鹿みたいに羽目を外した白人の真似。たとえば車でいえば、古き良き、しかし愚かな時代に、思慮なきデトロイトあたりで作られた六十、七十年代の、ガソリンをしこたま喰うような大型車が、うるさいエンジン音をたてて道路に延々と連なっている。そこにいればもうもうたる一酸化炭素排気ガスのせいで、魂もなにも吸い上げられ、ガンガン頭痛がし、感覚も麻痺していき、ブーゲンビリアも灰色に霞み、色褪せてくる。狂ったような混乱に渦巻くカジノは、見果てぬ夢を見る者たちを、せこくて不実なるものの網へと惹きつけてやまない。

しかしこれも、全て変わっていくだろう。最悪の時は過ぎ、世界的なインフレで観光業は落ち込み、地元の欲ばかりがもうもうと渦巻いている。スピリットの進化とは、こういう島の雰囲気と人々のリズムの中で、ごく自然に起こるのだろう。

翌日行ってみると、マークは寝ていた。裏庭には、生まれたてのヤギが立っていた、というか、おぼつかない足でふらついていた。優しく見守っている母親のアイオには、まだ黒い胎盤がぶら下がっていて、この新たに生まれた生命に哀調に満ちた嬉しさでメェーと啼いた。五匹の犬は、興味シンシンという目でこの胎盤に見入っていた。ベビーは夜の寝床である木の小屋の、窪んだ床の下にこそこそと入っていった。アイオは犬が鼻をクンクンさせて寄ってくると、容赦なく頭突きで追い返していた。トカゲの群れがしっぽをスッとはね、頭を左右に揺らして這い回り、何一つ見逃すまいと油断なく目を光らせていた。一匹は僕を見て喉袋を膨らませ、あえて威嚇しようとしているように見えた。

マークは、新生児のヤギの方に現れた。自分がヤギ神、パンそのものの風貌をしている彼は、ゴロゴロと喉を鳴らした。すると彼の妹が、お産のことは任せてといったふうに母ヤギの産後の世話をしながら、かん高い声でケラケラ笑っていた。そして、窪みに落ちたヤギの居場所を持ち上げて、コンクリートのブロックで支えてやった。

僕のパートナーは花や木を描きながら、一人悦に入っていた。僕らは、ヤシの木が実際、どう成長するのかを考えた。葉っぱがココヤシの繊維の網を作り、一生それで自らを支えていくのだ。メッシュは初め、織物の生地のように細かくて柔らかいが、年齢と共にアリやトカゲの巣となり、だんだん粗く、そして信じ難いほど頑強になっていくのだ。

マークはさっき、トゲバンレイシの木（熱帯アメリカ原産）のことを言っていたが、その葉っぱは磨り減った神経に効くという。僕らはコーヒーが欲しいところだったが、どうやら彼は、すでに自分で摘んだ葉っぱでお茶を入れていた。

庭では何もかもが凄かった。二匹のトカゲが顔を下に向け、すばやく飛び跳ねては、ギラギラした目で僕を見た。最初は片方の目で、そして次にもう片方の目で。僕はパートナーが座っているところに移り、背中を優しく撫でた。彼女は、この地域の植物のことを自分なりに勉強していたようだ。僕は尊敬と感謝を込めて彼女を見つめた。彼女の後ろに回って彼女を抱くように背を丸めると、彼女の匂いに、この朝に、この庭に……、大いに挑発された。僕はふざけて、彼女の肩に歯を立てたのだが、思ったより強過ぎたようで、彼女は一瞬痛みと驚きに身を引いた。そして霊体がおののき震えながら、またスウッと身体に戻ってきたようだった。磨り減ったニューヨークの神経は、噛まれたことのエコーを体中の神経系統に響き渡らせていた。これを見ていた他の人たちも、一瞬ギクッとしたのがチラッと目に入った。いにしえの恐れの奔流に波打たれている彼女を見守るうちにも、暖かい春の朝がこの雰囲気をだんだんと和らげていったようだ。心の動きに極めて敏感なマークは、この一件を見やった上でトゲバンレイシのお茶を入れてくれ、僕らはみんなで笑い合い、共に気をとり直した。

僕らは、マークがとても心を開いている、ラスタマンである弟のデイビッドのところへ行くことにした。

小さな通りに出ると、壊れた建物が続き、ポンコツ車などが並んでいた。消費主義のいき着く、最悪の乱雑さだろう。マークの父親が所有する雑貨屋を通り過ぎると、背の高い威厳のある黒人男性が六九年型ポンティアックの端に座っており、それがマークの父親だという気がした。男はごく短く頷いたが、マークは特にあいさつも返さなかった。

父親は長男マークの選んだ生き方を好ましく思っていないのか、失望しているのか、自分の店を継いで欲しいと言ったことはあるのかと、僕はマークに聞いてみた。マークは笑って、「いやあ、メン、他にも兄弟はいっぱいいいるさ」と言った。僕は一瞬、聖者のような父親としては、どう考えているのだろうと思った。まず大半の文化、特にヨーロッパのコロニアル文化の洗礼を受けたところに共通して見られる歪みと緊張感は、彼らを苛《さいな》んだに違いない。唯物主義、物と身体の改善、親が決して得たことのない教育を子どもに受けさせること……といったあらゆる期待と希望のある夢……。消費主義を浸透させようというかつての試みは、すべて崩れ去っている。

マークの父親の世代は二つの世界大戦に参加し、かつてなく激動する世界を目撃してきたわけであり、その結果、彼らの目的や野心は物に向かわざるを得なかった。財を築いても、景気後退や不景気、そしてさらなる戦争やらで崩れていく中で、彼らは今、時代が経験している大変な変化に気づけない腑抜けの状態になってしまっているのだ。しかしマークの父親だけは、この課題に何とか自分なりに折り合いをつけたらしいことを、親子の静かな挨拶の成熟とバランスの中に、僕は見て取った。

マークは、島の預言者であることの様々な問題を語ってくれた。預言者たるもの、他の土地の預言者らによって〝持ち上げ〟られなくてはならないらしい。それは大変な仕事であろう！

「ある人が、ボブ・マーレーを俺に引き合わせにきたんだ。で、俺はショウの前に会ったんだ」

彼らは即座に意気投合したらしい。それは、大変なパワー交換のシーンであったことだろう。

「それで、彼が聴衆の前に立つと、俺をまっすぐに指差して、〝僕の知ってるあのブラザー〟って言ったんだぜ！」

マークはそれは聖別（訳注：聖なる儀式で頭に油を注ぐこと）の儀式みたいなもんだったと言ったので、その言葉がさらに別のビジョンを僕に呼び起こした。他の人の聖なる断片に触れることで、自分自身がいかに神の恩寵《おんちょう》に触れるものかを僕は見た。そうして僕らは、こうした不思議な出会いや、惹かれるようにして訪れる様々な文化集団の魂《ソウル》により、次第に大きく変わっていくのだ。僕は、マークがこのことを知っていること、またはおそらくこの思考の断片も彼が作り出していることを、直感的に感じた。

僕らは聖なる通りを歩き、数分後にはフーセルさんという機械工の家の庭に出た。何度か窓を叩くと、彼が二日酔いでフラリと出てきて、愛人が妊娠十二週目だという話をした。ひどいことには、彼女には激怒でフーセルさんを殺しかねないような夫がいるというのだ。彼女との十年間に及ぶ密通関係の間には、すでに子どももできたのだが、彼の目の微かな光を見る限り、彼はそれが自分の子どもだと確信しているようだ。夫の方も疑ってはいるものの、子どもを盾に、彼女がもし逃げれば殺すと脅しているという。

フーセルさんに、二人は愛し合っているのかと聞いてみた。

「そりゃあ、メン、大変なことになる前に夫と別れたいって、彼女は言ってるんだ」

僕は、彼が目の前にある薄くて細いホースの上で泳ぐビジョンを見た。マークが僕をここに連れてきたのは、小さな島の日常で繰り返されるようなおしゃべりを僕に見せるためだと、沈黙の中で気づいた。

フーセルさんはシャキッとし始め、その時が来たことを確かに感じたようだ。状況に直面し、男を証す時だ。僕らみんなの心が通い合う中、マーク自身もまた、フーセルさんをそう勇気づけてきたことは間違いなかった。僕らの出現でなおいっそう、彼女とともに歩く愛の道を確認することになったようだ。

話し合いは短く、すぐにお開きとなった。僕らはゆっくりと、庭から通りに出た。少し前にお湿りを得た植物が、うっとりとした色合いを見せていた。するとマークが、遠くの低い傾斜のところに、デイビッドのトラックがあると指差した。それで僕らは元気が出た。

夢見る若き聖者

預言者デイビッドは、枝をあたりに延ばしている木の下に、十人から十二人ほどの若いバハマ人のラスタたちと一緒に立っていた。見覚えのない僕の出現に黙っていたが、やがて低い枝々の間の地面にだらりとしゃがみこんだ。

僕らはみんなに紹介され、たくさんの握手が交わされた。目と目をじっくり見つめ合う、ラスタ風の交換だった。僕は、すぐにはディビッドがどの男か分からなかった。思ったより若かったし、彼のパワーはまだ内に秘められていた。間もなく、マークがデイビッドを群れから引き離し、僕らは道路のずっと向こうの小さな建物群の中の、一つの小屋の方に歩いて行った。

マークは、デイビッドはドラマーだと言った。そして彼には、ハイチのブードゥーに時に見られる誤用や行き過ぎを和らげる、バハマのスピリチュアルな心がミックスされているのだと強調した。事実、それを確認するかのように、パートナーが近くのハイチ教会の入口に、板が打ち付けられていたことを指摘した。教会が、激しい非難によって一掃されたのは疑う余地もない。

デイビッドは母屋から離れた、手入れの行き届いた小さな部屋へと僕らを案内してくれた。僕ら四人は、床にあぐらをかいて座った。彼はラスタのスカーアルバムの「ジョン・レノンへのトリビュート」を、ピカピカの新しいステレオコンポでかけた。いつもの、鼓膜がぶち割れるようなボリュームの中、しばらくすると僕らの感覚が音と共にうち震えた。デイビッドはまず音量を下げ、そしてスパッと切った。内なる震えのようなものが、ずっと続いているようだった。彼は地元の有名なＤＪだったが、僕らがうるさい録音音楽は民衆のコントロール、行動修正に効果があるという話を始めると、興味を示した。島には、ライブ音楽への深い愛があるのだが、特に若い世代は消費主義の乱用から生じた録音音楽に毒されているようだ。

まもなくピースパイプが回され、部屋は新たな共鳴感に息づいた。マークは言った。

「預言者デイビッドはドリーマー（夢見る人）なんだ。頭が良くて、何かを長いこと考え込んで、それから夢見るんだよ。するとそのことが起こるのさ」

デイビッドは静かに控えていた。そのイマジネーションに塵が積もるかと思うほど深く……。シャーマンの、力強く探究心旺盛な、自然の知性が滲み出てくるのを僕は見た。何やらとてつもないものを、僕はそこで目撃していたのだ。土地の人々にも認められた（極めて珍しい！）〝夢見〟で別次元の実相を作り出す若い聖者。

ある先住民の村にはそういう人がいることは聞いていたし、それが本当であり、なし得ることだとは直感的に分かっていた。僕はある概念に、じっくり沈みこんだ。現実、僕らみんながそこで〝起こっている〟と思って合意している現実は、寄せ集めの概念と見ることができよう。僕らの別次元の、実相の産物。どの文化集団、あるいは単なる集団のマインドの中にも、影響力を行使する個人たちがいて、彼らの実相はある意味、ごく筋が通っているためにお墨付きを得て、合意された現実を形成しているのだ。これは粗野な物質世界では明確に見られるが、その影響が最も強く感じられるのは、より精妙なレベルである夢や、イマジネーションにおいてなのだ。

フランシス・ベーコン、仏陀、キリスト、ミカエル、孔子、アルバート・アインシュタイン、レオナルド・ダ・ヴィンチなど知られた人たちがいるが、真に変化をもたらす者らは見えないのではないだろうか。彼らはより高次の真実と共鳴し合い、次第に彼らの周囲にいる人たちに、かつてないほど広がっていく波頭のように、変化を浸透させていくのだ。その効果は、彼らやその近くにいる人々によっては意識的に知覚されることはまずなく、おそらく僕らみんながそれぞれのやり方で、この合意された現実に貢献しているのだろう。こうした人々は、精妙な領域の支柱的人格となり、別次元の実相の性質を共に形成することが、彼らの心からの願望なのだ。例の若い〝異星人〟の友人が、隠れた投票権を持つ人の話をしたことがあったが、彼がまさにそういう人たちのことを言っていることは間違いなかった。

十分なる沈黙と宇宙の奇跡の働きを信じる文化においてのみ、こうした男女は認識されるのだ。彼らは預言者であり、愚か者、聖人、〝見る〟人であり、心（ハート）で深く問題を考える人たちなのだ。詩人も然り、アーチストと詩人を忘れてはいけない！

この夢見る預言者はどうか？　彼がこのカリブ海の聖地に訪れるだろう改善のカギを握っていることが、いずれはっきりするだろう。

僕は僕らが共有する思考の呪文を解いた！　思考が言葉のモードに変わる瞬間に、この互いに絡み合う概念が僕ら相互のやりとりによって作られ、そして各自がそれを知り、理解するのだ。

僕はデイビッドに、この島の未来がどう展開していって欲しいかと聞いた。僕の質問によって言外のものがより鮮明に絞られて、彼の夢見の助けになるだろうと感じた。

わきを見るとマークは頷いていた。預言者は質問を吸収し、彼の心で長いこと濾過《ろか》させているようだった。僕は、それは深い質問だから、もしよかったら数日後に答えてもらってもいいとも付け加えた。彼は目で感謝を伝え、しかしまずやってみるというふうな身振りをした。彼の応えは、ラスタマンとブードゥーの豊かすぎて記録できない言語のブロケード（訳注：多彩なデザインの紋織物）の如く、島の豊かさと貧しさの魂の抜けた行き詰まり状態を描写した。

彼の霊的な知恵は、島が六十年代に独立を勝ち取って以来、浮上している主な問題に焦点を絞っていた。適度に優しさのある英国―インドの植民地主義の下で、貧富の現状は比較的安定していた。富裕層は白人で、貧困層は黒人という構図の中で幾らか金持ちのバハマ人たちもいたが、彼らとてヨーロッパ人や後のアメリカ人らの富の足元にも及ばなかった。その結果といおうか、そういったことは、一度も地元のバハマ人たちには問題視されたことがなかったのだ。

しかし自治を獲得して数年たったこの時に、数人のごく富裕なバハマ人が現れるようになった。突然〝いい生活〟に入った者たちの何人かはご多聞にもれず腐敗して、他の島民の犠牲の上にいい思いをするようになった。

驚いたことにデイビッドは、富の再配分を求めたりはせず、ただ単に双方の好みをお互いに理解し合うことが大切なのだと言った。彼は革命的な要素を秘めた若くて攻撃的な男なのだが、金持ちは彼らの物質主義的な考えを精神的なものを重視する人たちに押し付けないで欲しいと言っているだけなのだ。彼らが金持ちなのはそれはそれでいいけれど、だからといって自分たちがそれで犠牲になるのは御免だというのだ。相互の尊敬と双方が満足するような生きかたをのみ、彼は求めているのだ。自分が愛好するハーブを、非合法化しようという動きに対して、正当なる正気の方策を求めたいのだ。

「何で自然の植物を違法にできるってんだよなあ、メン？　あれは神の癒しのハーブなんだ。それを俺が吸えるか吸えないかなんて決める権利は誰にもないぜ」

マークは繰り返されるデイビッドの意見に深く頷いた。実際、デイビッドの考えやその答えは知恵とビジョンに溢れていて、とても十七、八歳とは思えなかった。そこにはハートと洞察がこもっていた。

帰り咲いたブードゥーのスピリットドラマー

それから僕らはドラムのパワーについて語った。僕は、ありとあらゆるアフリカの魔力が響いてくるのを感じた。僕はいつも、ドラムは意識的に理解するよりも、はるかにもっと精巧で形成的な方法で語ることを知っていた。彼の話を聞いていると、彼の声の中に、いかにドラムのトーン、リズム自体がリアリティの調整をしていくのか、そしてリズミカルなパターンが権威を持ち、そこでは言葉がいかに無力化するかが分かった。

マークが、毎年のクリスマスにお祭りのように開かれる行進、ジュンカヌゥのことを話題に入りこんできた。彼が言うにはこの祭りは、単なる観光客のためのマーディ・グラ（ニューオーリンズの有名な祭イベント）のように、一番カラフルな装いの出場者に出される賞金騒ぎの中で、参加者らが路上ダンスの本当の意味を忘れたせいで、格が下がってしまったらしい。そんな残念な状況にも関わらず、魔術的なヤギ皮のドラムがまだ使われていて、それはこれまで何世代にもわたってそうであったように、人々の血を騒がせるのだ。

マークは行進の本質的内容を復興させたかったのだが、しかし、彼の頭の中ではもっと野心的な計画があった。搾取のない本来の行進では、踊り手たちは白をまとい、全てが純正な雰囲気だった。彼の話を聞きながら、僕は、イルカが彼らの世界で自然に遊んだり、協調的行動をとったりしながら、物質界のリズムを共に形成する手伝いをしてくれているという前からの思いが頭をよぎった。マークは前にこのことを知っていたようだし、その彼がデイビッドに、新生ジュンカヌゥへの参加を促すのを見て、この儀式自体に何らかの微妙な計り知れない機能があることが分かった。政治通が、あるハイチ人に、そのパワーはドラムに込めてくれと言ったのを見たことがある。

後で中年のタクシー運転手から聞いたのだが、少なくともバハマの年配の世代の考えとしては、ハイチ人というのは概して島の災難の非難を一手に引き受けるようになっているそうだ。若いハイチ人というのは、恐れ知らずの暴漢で、人の安全などはこれっぽっちの考えないという。恐れ知らずという言葉で思ったのは、ブラザー・デイビッドらによる復興されたブードゥーが持つパワーのことだった。

デイビッドをジュンカヌゥのメイン・ドラマーに選ぶことで、マークは長年の討論に象徴的な終止符を打つのだ。伝統的にみても、黒人はお互いに仲良くやるのが難しく、必ずといっていいほど敵対し合う小グループに分裂していくようだ。それゆえにこそ少数のヨーロッパ人たちが多数のアフリカ人をとらえて奴隷にできたのだという者もいる。それに島民らがスペイン人の侵攻によって受けた、文化的、霊的な打撃もあるだろう。ごく最近になってようやく、彼らはそうした野蛮な植民地主義政策がもたらした血生臭い困難な混沌から抜け出す兆しを見せるようになったのだ。

ハイチもまた然りだ。若者の多くが苦々しさから回避的になってしまっているのは疑いがない。しかし、失われたハイチの伝統的秘儀を取り入れるというマークの決断は、バハマ人としての魂の統合に大いに役立つだろう。

最後にパイプを一巡りさせると、互いのやりとりはそれで終わったと感じられた。握手、手と手を打ち合い、腕をつかみ合う習慣の真っ只中、僕は後ろの方から、一人の神懸ったような若いラスタマンの凝視《ぎょうし》に引っ張られてぐらつくように感じた。それまでいっぱいおしゃべりもしてきたのに、こうした若手の魔法使いらが持っている生のパワーを味わうことになった。パートナーは後になって、彼の癒しのタッチの凄さ、握手をした後ゆうに三十分以上も腕がピリピリしていたと言った。最後に別れを告げる時に、マークも笑いながらそのことに頷いていた。

僕らは街に戻った。マークは僕らがフッセルさんや若い預言者と出会ったことを喜んでいるようだった。そして僕らがボートや水のことをよく知っている人を探す手伝いも申し出てくれた。イルカというのは僕らがいると思っているところにいることはまずないことを知っていたので、イルカに僕らを探させた方がいいなどと冗談を交わしていると、マークが「俺はイルカが話してるのが分かるぜ、メン。ボートの下にいれば彼らが何を言ってるかは分かるさ」と言うので驚いた。

彼がまじめにそう言っているのは明らかだった。僕は彼に、毎朝、ラスタの年寄りが遠く沖合いまで泳ぐという例の話をした（マークの目は嬉しそうに輝いた）。そう言っている時、パッと一瞬のインスピレーションでその年老いたラスタマンが、イルカによって、おそらくはハイスタイルで（訳注：二重の意味：王のように優雅に、そしてハイな状態で）岸に戻されるのだということが分かった。話をしてではない。マークの大きな笑顔には、その通りさということが読み取れた。僕らが共にテレパシーでこのイメージをつかんだ時、そこには電気的な絆《きずな》の感覚があった。その瞬間の大きな喜び、笑い、そして互いに頷き合って別れる時まで、言葉は全く介在しなかった。

僕らはマークと出会った翌日、パラダイス島の東部沿岸の火山岩の間に点在する小さな潮の満ち干でできる水溜まりを探検して回った。

僕らには複数の選択肢があった。しかし、その時、二人ともここでの滞在を延ばし、野生イルカに一番すんなりと導かれる道を選ぶように説得されたみたいに感じた。それまで、汚染や騒音、水上交通の混雑さがひどくて、内海の島にはイルカはまず出現しないと、何度も言われ続けていた。イルカと一緒に泳ぐチャンスが欲しければ、エルセラかグランドバハマへ行かねばならず、それには速いボートとたくさんの幸運が必要だった。マークかヘンリーがボートを見つけてくれるかもしれないが、島ののんびりしたリズムを思うとその週のうちにはそれはありそうもなかった。もちろん、小さな島と島の間を行き来する汽船はあっても、それにはイルカらも慣れてしまっていて、姿を見せることなどなさそうだ。するとうまい具合に、ジョンとカレンという自然愛好家のアメリカ人カップルが、もし天候が許せば彼らの全長十メートルのボートに同乗させてもいいと言ってくれたのだ。

かつて、ジョンがいい風に乗って海岸線沿いにボートを進めていると、耳スレスレのところを、まるでトンネルの中を急行列車が進むような爆音がしたことが何度もあったという話をしてくれた。それは空中に炸裂するような物凄い音だという。心臓が飛び出るほど驚いて、海を覗き込むと、ユーモアたっぷり、かつ満足げに片目をつぶった艶やかなイルカが、こぼれるようなほほえみを見せ、楽しそうにボートに合わせてついてくるのだそうだ。

イルカは肺から時速百六十キロほどのスピードで空気を吐き出すのだと彼は言った。科学者らもまた、イルカは空気の九五％を肺から出すといっている。人間は普通、四十％から六十％くらいだから、それに比べてはるかに多い。ヨギらは、異なる意識レベルに到達する主な入門法は呼吸だという。イルカをこれまで見てきて思ったのは、イルカもまた、意識を操作することの呼吸という自然のテクニックを身につけたのではないだろうか？

それはさておき、僕らはそこらで一番大きな、一番綺麗な潮溜まりを詳しく観察することにした。水の流れが石を形作り、最も美しい啓発的な環境の雛形を形成する様子が分かった。奇跡に満ちた自然の法と相互のつながり合いが、ビリヤードの玉ほどもない小さなテラスとなり、その上に真紅と黒色のウニがちょこんと乗っているさまを見た。ウニが日々少しだけ動くことで、それぞれの顔が出来上がるのだ。

ウニのマンションの下には、指の長さほどの水中林が光り、そこには透明な魚がミニ林の合間にキラキラと身を揺らしている。

僕の心はギアチェンジし、石窟暮らしをしている人間たちがビジョンで見えた。ガラス張りの壁のレストラン。イルカや人間が一緒に遊べるエリアや、妊婦がイルカを産婆にして水中出産するプールとか、イルカが僕らの映画を観（観たいのだろうか？）逆に僕らがイルカらの映画を観る映画館もある。イルカと隣り合わせに住みたい人のための水中の家、柔らかくてなまめかしい科学研究ユニット、恋人たち、詩人、アーチストたちのための場所。これらが奇跡のように目の前に現れ、それらがもうすぐ現実になるのが心ではっきりと分かった。

さて、先ほどの話に戻るが、どうすべきかをよく考えたところ、島の最大の特長の一つは、人をおびき寄せるような魅力にあることに二人とも気づいて驚いた。ここに来て、何らかの理由でここに居ついてしまう人はどのくらいいるのだろう？　そういうことを考えながら、僕らが毎日どこにいても、必ず冒険があることに感謝をした時、入口が開いた。野生のイルカが僕らを待っているのだ。

もし全てが計画通りになるものなら、人生は予測がついてしまう。そうなるとみじめなものだ。未来を垣間見るのはいいとしても、それでは驚きのないモノトーンの人生になるばかりか、走馬灯を次々と繰り広げ、飛行機の墜落だの暗殺だの似たような災害だのといった〝敏感な部分〟が見えれば、それは個人にとっての深い地獄となってしまうだろう。僕ら人間という種は、有用な部分だけは十分に予測できるが、全ての経験を先取りするほどの能力はないようだ。計画を立てるというのも然りだ。僕らは何かを計画することはできるが、冒険は計画よりいっそうエキサイティングで、驚きとユーモアに満ちたものになるだろう。それは周到な計画で得られる以上のものだろう。

僕らの最後の夜、つまり土曜の夜はそういう時だった！ つねに振り分けて見ることに忙しい古い理性脳、初期哺乳類の脳の操作が、見たいものの絵を描かせたに違いない。ヘンリーはギターを弾きながらそこにいるのかもしれない。二回電話をしてみたが、メッセージを残すしかなかった。ブラザー・デイビッドが夜のマジック・ドラムを持ってやってくるかもしれない。島の変化のパワーは音楽にあることを、みんなが知っていた。

次第に夜になり、ギターやらミニオルガンやらテープレコーダーやらをかついで、僕らは嬉々としてマークの裏庭に向かった。

驚いたことに、そこは家も庭も一変していて、全てが綺麗に片付けられ、ピカピカと輝いていた。ヤギと子ヤギも小綺麗になって、アイオのベビーは生後二日目にしてすでに自信に満ちていた。アイオ自身、犬たちとの違いを受け入れた様子で、頭をすっと高くもたげ、白目がちの目を見開いたままの柔らかい毛の生えた顔で、しゃがみこんだ僕らの膝のところに鼻をすりつけてきた。

マークは、六人ほどの友人らとそのショップにいた。彼らは注意深く選ばれた連中であることが分かった。驚いたことに、イライもそこにいた。彼は、「バハマでお尻も日光浴」と描かれた鮮やかなピンクの新品のTシャツを、これ見よがしに着ていた。島の生活の奇跡的なシンクロに笑いながら、僕は彼の肩にもたれた。前日、パートナーがイライにピンクのTシャツを買うように、そっと五ドル札を忍ばせたのだった。彼女は、ピンクがサソリの如き彼の資質を落ち着かせるだろうと思ったらしい。彼が急いでそれを買いに行ったのはみんなが知っていたが、それから誰も彼を見かけてはいなかったのだ。

寂れたナソウの店をぶらついていると、「お尻も日光浴」Tシャツがかなりあちこちにあることに気づいて笑ってしまった。それは僕ら二人の間に通じるジョークになり、ひっそりとした誰もいない朝の岩の潮溜まりで、それを実践もしてきたのだが、またここにも！　という感じだった。

真、善、美の魂

ショップでは、たくさんの握手やら挨拶が交わされ、始めはみな少しはにかみがちだった。だがマークはいつものように開けっぴろげで、大きな声で笑っていた。僕らが座って、茶色の新聞紙のしわを伸ばしてクサを用意すると、雰囲気がリラックスしていくのが手に取るように分かった。音楽がかかると、マークは手拍子を打ち、ハミングした。もう一人のラスタマンのスリムは、「ニューヨークから二週間のつもりで来たのにまだいる男……」と歌いながら電子オルガンの鍵盤を叩いた。イライは、口でベースをやった。その他みんなは、四十ワットの薄暗さの中で動き、体を揺らしていた。

マークの妹のエリザベスがお香を焚き、優雅なスピリットが家を包みこんだ。僕らは前の晩のことを話し、まるでサイキックな嵐が島に吹き荒れたようだと言い合った。マークはそれを「変化の風」と呼んだ。

だんだん盛り上がってきた。いろんな人が出入りした。最初の人たちが立ち上がって去ろうとする時、僕はパートナーの肩を噛んだ時の出来事を語った。トカゲの話になった。バハマ人のラスタマンの一人、グレッグが、トカゲは実に縄張り意識が強いと言った。彼は、興奮で我を忘れたかのようだった。それもそのはず、その日の朝、ある一匹のトカゲが同じ石に彼を一緒に座らせてくれたというのだ。そんなことは前代未聞だというわけだ。

それまでは幸せそうに眠っていた二匹の犬が、その話のところで突然に獣のように吠え出し、歯軋りをした。しかしそれも一瞬のことで、あとは安堵の気分が湧いてきた。この夜のことは、「白人のブラザーが話をしていると、犬が、寄ってきた死人の霊に一瞬気を荒立てた」ということで未来の語り草となるのだろう。伝説というのは、こうした事から生まれるものなのだ。

感情がより強烈になっていった。マークとイライ、それに僕ら二人を除き、人がいなくなった。ヘンリーが現れない。誰が彼を連れてくるかという話をすると、イライがためらいながらも、忙しい土曜の夜の取引から彼を引っこ抜いて、この音楽の夕べに連れて来られるかどうかやってみるといいながら、そろりと出て行った。まず無理だろうが、やってみる価値は十分あった。

こうして今、思い出しながら書いていると、ものごとがいっそうはっきりと見える。あの時僕は、大変な興奮の後だったこと、食べ物も大して食べていなかったこと、真昼間の気を荒立てた犬のこと、そして言うまでもない素晴らしいラスタのクサ……などのせいで、少々テンションが落ちていた。そうした精妙な調和状態には、クリアで高い意識レベルが訪れることが知られている。事実、高貴な向精神性物質を使っていると、困難なところに迷い込むことも多いし、開けっぴろげの意識の時に突然誰かの恐れの感情に同調することがある。

実際は、イライが兄とまた出会うことを恐れていたに違いないことが、今は分かる。あの日、彼が兄に会うのに僕らがついて行ったこと、そんなことをしたのは僕らが初めてだったということで、以来彼は僕らに感謝を抱くようになったようだ。でも、ごく最近回復したばかりの兄との関係にもう一歩踏み込むのは、ものすごく勇気が要ったはずだ。

いずれにしても彼は出て行った。実際のところ本当に兄に会いに行ったのだろうかとは思ったが……。

イライが行った後、僕は〝落ちた〟ようだ。そして被害妄想に襲われた。この消え入りそうな島の〝ゲットー〟のど真ん中に一人でいることの身体的危険に気づいてハッとした、というより、それはずっと微妙で重い、名づけようのない恐れだった。ギターは僕に返し、マークは彼の深遠で霊的なラスタファリアンの音楽を口ずさんでいた。その声は深く褐色で、メロディーがあり、自信に満ちていた。彼がうまく歌うほど、僕は落ち込んでいった。

僕がそのままじっとしていると、少しずつ平和が訪れた。マークが僕のもろさを見、感じ、理解してくれるのが分かった。島の生活で身につけた変な男性的マッチョ意識の名残りがとれ、それは、かなり文化の違う者同士で親密に感じられた瞬間だった。

するとまた嵐がぶり返してきた。マークは長くて壮大な、イスラエルの全種族らを読み上げるような歌を歌った。その途中、いつの間にかそこに入り込んでいた犬同士が、また頭をつき合わせて吠え始めた。マークは僕に、いいから放っておくようにという身振りをした。僕は体中を震えが通り抜けるのを感じ、ある光明の一瞬に、動物たちが死人の霊に取り憑かれたが、それを夜の向こうへと追い払ったのが分かった。それはほんの数秒のことで、戦いは終わり、僕はまた最高の状態に戻った。

僕はマークに、またその歌を歌ってくれないかと頼んだ。ヘブライ語に込められた響きとリズムが、僕の魂を満たした。僕はそこに、秘められた意味を聞き取ることができた。魂が僕らを持ち上げてくれ、小さな部屋は光と喜びに満ち溢れた。イライが、兄を連れることなく一人で戻ってきた。ヘンリーは思った通り忙しいらしいが、僕にはこの夜、なぜ僕ら三人だけでないといけないのかが分かった。

話題はさまざまなことに及んだ。僕がETのことを切り出すと、マークは少しも驚いた様子を見せなかった。僕とパートナーは二人とも、〝預言者デイビッド〟は異星人のようで、どこか別のところから来たような感じを受けたのだが、と言った。マークは、この若い預言者にバハマ人とハイチ人の血が半分ずつ混ざっていることを思い起こさせてくれた。

「それが彼の血なんだ。彼が受け継いだ全てのブードゥーパワーも、今度は彼が良い方向に使うのさ」

彼は素晴らしい切り替えしをして、また笑った。次はウランティアブックの話になった。これは新たな、継続する啓示の一部だということで、特に重要なのだ。マークが興味を示したので、ニューヨークに戻ったら一冊送ると約束した。新しい情報に飢えているという彼は嬉しがった。

僕がそう言ったのも、マークは百科事典を読んだことがあると言ったからだ。最初から最後まで、しかも一種類だけでなく、五種類も読破したと言うのだから！　彼ならウランティアブックの細やかさと密度の濃さを楽しむだろうと思って、僕はほくそ笑みながらパートナーの目を見やった。

その後数時間、言うべきことを全て言い、感じ、見て、僕らは立ち上がり—まるで空中浮揚するかのように―その場を去った。握手をし、腕をつかみ合い、三人で互いの心と魂を深く感じ合った。ここに永遠に続くような絆ができたのだ。僕の夢の最も神話的なところで、この真、善、美の魂が出会ったのだ。そしてその魂たちが僕らに降り、肉体で出会い、話を交わしたのだ。

僕ら三人は、その恩恵を深く、深く感じた。

ぐっすりと眠り、また潮溜まりを少し探索した。今度は西の方から嵐がやって来て、ウニの村に山のようにのしかかってきた。そして奇妙にもイルカにさよならを告げることもなく、僕らはすんなりとビッグアップル（ニューヨーク）に戻った。

第7章
天国での戦争

地上生命の意味

次なる旅の段階に、僕は少しばかり怯えていた。なぜならそれは、感覚を有する全ての生物が、何よりも驚愕することの一つだからだ。僕はこの恐るべき考えを、果たして外に出すべきかどうかを三年も考えてきた。「種が知らないことは、知らせずにおくのだ」と自分に言い聞かせもしてきたが、でもそれは高ぶっているばかりか、あまりに割り切った考えというものだろう。

でもやっと今、ショッキングではあるかもしれないが、それは人間の精神の最大の特徴である栄光と慈愛をも含むものである故に、探ってみる必要がある概念だと思うようになった。前もって言うと、それは究極的には勝利と贖《あがな》いの物語だ。要するに、ごく簡単に「最悪の場は過ぎた」と言えるものなのだ。感覚ある種としての僕ら人間は、やっと暗黒の時代の闇を抜けて、恵み深くて魅力的な宇宙へと入っていくのだ。多くの、そして多様な詳細の総仕上げはまだ終わっているとはとてもいえないが、勝利は勝ち得たのであり、善きものへのどんな動きにもスピーディに与えられる報酬は豊かであり、これからもずっとそうあり続けるだろう。

とそこまで言ったところで、大宇宙のホログラム（立体映像）のほんの一かけらに過ぎないであろうそのことについて、語ることにしよう。でも、その一かけらがどうやら信憑性がありそうなら、それは今、この僕らの惑星で演じられているドラマの主要な要素を、全て含むものであるはずだ。

では、あまりにもギョッとする事柄であるため、そもそも口にすべきかどうか迷ったそのこととは何だろうか？

それは、簡単に言うとこういうことだ。もしこの惑星が、いつの時代にも別の次元、あるいは別の惑星の種族らの戦場、もっとひどいことに、遊び場だったとしたら？　ということだ。僕らがいつも真、善、美を目指して頑張ってきたことが、皮肉っぽい残虐な実体らによる最悪の殖民政策によって、系統的に破壊されてきたのだとしたら？

もっと悪いことに、この種族が実に長期的でスローな計画を持っているために、他の、より恵み深い観察者らが、これから起こる真の恐怖を話すことすら躊躇していたとしたら？

さらに、この悪質な種族が、この星の意識そのものまでをコントロールしてきているとしたら？　僕らが通常気づく範囲外のところにじっと座り、通常の決まりきった思考の枠から出ようという勇気を持つ者たちを拷問にかけ、痛めつけているのだとしたら？　〝見えざる世界〟の探検で最初に出会った存在らが、実は悪意と恐れを抱いているとしたら？

多くの神話や諸惑星の歴史に必ず登場する天国での戦争が、実は宇宙の事実だとしたら？　もしこの惑星が、恐ろしい強奪の一番の標的ではないにしても、かつ自分のせいではないといっても、その不快な副作用の多くに関わっているのだとしたら？

もし、これらがみな本当だとしたら、僕らの運命は何と希望のない無益なものなのだろう！　まるでどこにも行き場がないではないか。超越しようとするあらゆる努力は邪魔され、理解しようとすれば悪意に満ちた者たちによって引き裂かれ、そしられ、変更不可能で逃れられない難局に挟まったまま、ずっとここまで来たのだ。

これは一つの考えに過ぎない――歴史は間違いなくこれを明らかにするか、あるいは否定してくれるかするのだろう。だから僕が直面しようとしているのは、あくまでも一つの考えなのだ。僕がこれまでしてきた内なる旅、そして外への旅でも、僕は真に太刀打ちできない無慈悲な敵というものには、向き合う必要はなかったのだから、これを強調するのは重要なことだ。もしかするとそれを経験した人もいるかもしれないし、だとしたら矛先を引き受けた彼らに祝福あれだ！　贖い難い完全なる悪ということ自体が、単なる考えに過ぎなかったのかもしれないのだ。想像の産物。可能性はあるとしても、永遠に続く実相といったものでは決してありえない。

でもこれから語ろうと思う体験は、どれも実にリアルだった。冥府の門番はいつもいる。僕の目に入ってきたあの蛇であれ、今テーマにしている天国での戦争であれ、僕は完全なる実相をもってそれらの実体を知覚する必要があった。でなければ、そのメッセージは全くの無意味になってしまっただろう。

グノーシス文書の再発見

よく知られた天国の戦争について、結局のところ、僕らは何を分かっているのだろう？　現存する、たぶん最古の宗教であろうゾロアスター教の宇宙論は、戦う二人の兄弟のことを伝えている。シュメールの叙事詩、ギルガメシュは少し柔らかくしてはいるが、それでもフワワ（怪物）のこと、そして人間のことなど、全く意にも介さない実体らが存在することをはっきりと語っている。エジプトのセトは全くもって不快な話だし、北欧やギリシャの神話は神々や女神たちの見栄、悪意と権力の追及……のことを語っており、古い話を紐解けば必ずや皮肉な要素が幅を利かせて、善をやっつけんとしているのが分かる。

教父らによって抑圧されたグノーシス派は今また、ナグ・ハマディで発見された考古学的文書によって世に出るようになった。これもまた、げんなりするようなビジョンだ。もっと古くて、もっと賢い宇宙の個性たちの判断に背いて、僕ら人間が最も大切にしているもの、心の聖なるひらめきの存在を罠に落として封じ込めようとするデミウルゴス（訳注：時に悪の創造神）によって創造された世界。

ユダヤ─キリスト教の西洋的宇宙論は、原罪のことを、まるでそれが現状であるかのように語ってきた。僕らは、邪悪で堕落した世界に生れ落ちるのを避けられず、救いと贖いへのいかなる努力もエントロピーによって、またしても渾沌の中へと虚しく崩壊していくのだというように。

僕らはこれまで、陰鬱で悲観的な時代に生きてきたのであり、それにはそれなりの理由があったのだろう。より一貫性が見られるようになっている近年の宇宙分析は、未来において明確な知覚としてとらえられるものとは、おそらく全く相反する状況にある。ドリス・レッシングは著書「アルゴス・カルテットのカノープス」を、たぶん単なる想像の産物であるとして却下するかもしれないが、第二巻の始めのところで、「実際思考はどこから来るのか、ほとんどわかっていない」と認めている。

彼女が描く世界は、直感的に正確だ。彼女もまた、この惑星が主に三つの植民者勢力らによる劇場となってきたとみている。つまり彼らもまた、それぞれの進化の中で、新たな次元にひかれて地球にやってきたのだ。

同時代のジョン・ミルトンもまた、宇宙のより大きな視点から見て、天使たちが堕ちたことが地球に及ぼしている影響について描いている。彼のビジョンは当然ながら、より伝統的キリスト教用語で語られてはいるが、事実上あらゆる宇宙論に反復されるストーリーだ。よって人々の、そして組織化された宇宙の、より広い見地から見たこの惑星の歴史を正直に査定すれば、いくつかの悲しい要素が存在することを認めざるを得ない。それは、議論の余地がないことのようだ。しかしどこで、この困難な課題をより包括的に見ることができるだろうか？　これは有史以来、考える人々にとってあまりにショッキングなことであり、僕にできることといえば、これまでに出てきた部分をまとめ、真実に近いと思う特定の宇宙論に位置づけることくらいだ。

そこで、ウランティアブックに戻るのだが、僕はこの本を、イルカと関わり始めた時に読み始めた。こうした記録文書というのは、それが述べている内容が胸に響くか、あるいははねつけるかのどちらかであるようだ。客観的に証明できる要素を多く扱ってはいるものの、今の時点でそれを証明することは不可能だ。科学者らはまだ〝跳び〟そうにない。

まさにそれが、僕の人生に起こり始めていたのだ。ウランティアブックは天界、天使界の住人たちから口述されたということになっているが、この本は僕の心の中で、激しく争っている諸要素をまとめるのに必要な、中心的情報であった。

洗練された、進んだ文化としてのイルカにまず導かれ、そしてベネット公園であの少年に出会ったことが、より大きな宇宙領域という現実を受け入れるための、準備となった。

イルカが、僕に見えるような素晴らしい資質を実際に持っているのかどうかは、個人的にこれからも関わり続ける中で、また生物学的発見によって知り得ることだろう。僕は彼らのおかげで、この惑星を他の知覚ある種たちと分かち合うという実態が、信じられるようになった。

飛行物体の出来事やあの少年などは、そのステップをさらに進ませてくれ、巨大な居住空間としての宇宙の実態を垣間見せてくれた。

一方で、ウランティアブックは、アメリカ中西部の保守主義やら、官僚的な漫談がえんえんと続くことはあるのだが、何らかの一貫性を持つ宇宙的文脈といったものを与えてくれるようになっていた。当時はもちろん、そうは感じられなかったが。

ルシファーの反乱

ウランティアのビジョンに慣れ、その真実と一貫性が僕の思考に浸透していく中で、僕は突然、著者らが「ルシファーの反乱」と呼ぶものに直面した。この反乱がとりわけ騒ぎを起こすのは、その事実が云々ということではない。主役ら、つまりそれを報告する者たちの血に逸《かくれ》る残忍な態度について、理解することがまだまだあるのだ。彼らによれば、ルシファーとサタンが根絶させられるその時が待ち切れないというのだから。

後に僕は、こうした反乱や言うことを聞かぬ者の〝根絶〟をさも満足げに書くこと自体が、明らかなしるしだと分かるようになった。読者が美辞麗句に凝った文体に引き込まれて、トロンとした目のカルト信奉者になるか、あるいは必要な知的跳躍を経て、ところどころに辛辣な薬味が使われていることのおかしさに、疑問を抱くようになるかのどちらかだ。

僕が魂の暗闇に入り込み、ニューヨークの冬空を雪が黄色く染めるようになると、心理的、情緒的嵐としか描写し得ないもののさなかで、見えない変化が起こるという予感がした。


僕は情熱を賭けて、ウランティアブックを〝生きて〟いた。その真実に満ちた内容を受け入れることにしたのだ。まず、第四部を読んだ。それはキリストの人生の描写で、彼に付き添い、出来事を目撃した天使たちによるものだ。それらは、どれも素晴らしい真実として心に直に響いた。イースターに、イエス・キリストの死と復活に関する一節を読んでいて、湧き上がる情緒から、神が実際、この惑星で死んだことが分かった。その時僕は、この宇宙の創造者の息子、キリスト・ミカエルに出会った。僕の魂の深みにおいて、明確に彼と出会ったのだ。

だから前述したように、この宇宙に内在する啓示の後で、反乱と厳しい糾弾の話にぶつかったのは、余計にショックだった。

その話自体は明白で、果てしなく広がる宇宙の事がらのどんな描写とも変わりはない。そこには、他のいくつかの宇宙論からの稀有な情報も混じっているが、様々なパーソナリティと共に統合され、理解できるようなパターンに織り込まれている。

天使の伝達者《メッセンジャー》らが言うには、ルシファーは反乱の時、つまり二十万年以上も前のことになるが、宇宙での僕らのエリアである、〝主権システム〟にいたという。つまり、天界の統治ヒエラルキーの番付けでいうと、彼は僕らのシステム内で居住可能な、千の惑星をまかされていた天使だった。反乱の始まりには千の惑星のうち居住可能だったのは六〇七だけで、僕らの空間、ウランティアは六〇六番だった。

ルシファーと彼の右腕のサタンは宇宙の管理システムにおいて、これらの世界を成長、繁栄させるという任務を受け持っており、人間のアセンション計画と呼ばれるものを主に担当していた。より〝正常〟な世界では知られ、認識されているこの計画は、いずれ死すべき運命にある人間たちが、生命の大学を通じて彼ら天使の助け手によって導かれ、死に際しては、システム本部へ至る月の館、さらにそれを超えたところへと導かれるためにあった。数十、百億もの命を任された、極めて重い責任を担っていたが、この局地宇宙の巨大な指導下にあっては、比較的下級の役職だった。ルシファーとサタンは、その機能のために創られたのではない。聞いたところでは、彼らはかなり個性的であるにも関わらず、両者ともに大勢の候補者の中から選任されたらしい。

これが少し俗っぽいと思われるのなら、居住空間宇宙のことをしばし考えてみていただきたい。星には、その文化の進化状況に関わらず、単に調整機関であったとしても、何らかの政府形態があるものだ。啓蒙された自治というのは誰もが目指すところではあるかもしれないが、とりあえずは誰かがコミュニケーションの輪を監督し、問題解決の任に就かねばならないのだ。

管理職となれば、残念ながらそこに、官僚主義的傾向が出てくるのは否めない。実際、ウランティアブックにある果てしないヒエラルキーのリストや、重箱の隅をつつくような精確さについての語りが、官僚的退屈によってほぼ完璧に覆われてしまっている宇宙を、説得力を持って描写している。

ルシファーと彼の一味をひどく怒らせることになったのは、この事実だったのかもしれない。そして、何年も何年も考えた末に、彼らは宇宙の権威に対して堂々と挑んだのだ。当時は扇動した者たちですら、それを反乱とはとらえもしなかっただろう。それは、単なる不満の表現以上のものではなかったのだ。

だが、どんなに慈悲深い政府であっても、反乱を歓迎することはないのであり、ルシファーに対面した者は、和解を求めるのでなく、この反乱分子たちの分極化を企てたようだ。

そこで何が起こったのかは、ここでのメインテーマではない。彼らを描写する唯一のものは、管理本部の者たちによるものだから、それには当然偏見が混じっているだろう。もっと重要なのは、この反乱がどう受け止められたかだ。

管理本部の旗を担いだのは、ガブリエルだったらしい。キリスト教でいう大天使のガブリエルではなく、局地宇宙を運営するために創られた息子たちの長男である。かくして彼は、千万人以上の人が住む惑星全般を管轄する仕事に就いた。これは膨大な広さである。

ルシファーが、意を決して宣戦布告をしても、どうやら、まともに正面からは受け取ってもらえなかったようだ。宇宙の権威らはその機に乗じて、知覚力のある生物に、知恵が画期的に飛躍するチャンスを与えるという、道義的な選択で応じたのだ。

ルシファーと反乱分子に従って、より多くの選択の自由と、全ての知性らの自治政府を認めるという選択肢が、局地システム内の全ての存在に与えられた。この選択肢を提供する上で、特に活躍したのがガブリエルだったらしい。ルシファーの主張に対して、抜け目ない反駁に出たのだったが、多勢の天使たちや三十七の惑星は、その主権本部システムのリードに従うことに決めた。僕らの惑星、ウランティアはその三十七の惑星の一つだった。

一個の惑星が、宇宙の諸事情の中でどうみなされているかをもう少し知ることが、このあたりの事情をよく理解するために必要だ。

ある者にとってはショックかもしれないし、またそれが何故かはそれなりの理由もあるのだが、惑星や動物たちというのは気まぐれな偶然から出てくるのではない。チャールズ・ダーウィンの進化論、また、より最近の社会生物学者らの論文は、生命がどう進化してきたかを述べるにとどまり、そもそもここへどのようにしてやって来ることになったかということに関しては、首尾一貫した説明をしようとすらしていない。心を開いて惑星初期の生命について研究した者たちは、必ず何らかの知性の存在の手がかかっていることを察知する。

そして、それは然りなのだ。この惑星は、現在僕らが知り得ないプロセスによって創られ、ある存在らによって種蒔きされたのだ。その存在の影響は、宇宙空間を網羅して浸透している。

数百、数千兆もの生命が居住する宇宙にあっては、これはさして大したことではないようだ。種蒔きの後には、意思能力を、そして究極的には最初に彼らを創った存在に関する知識をも得る能力を備えた生物を作るべく、生命のプロセスは進められていった。こうした動きのスパンは、時空ともに気の遠くなるような悠久で遠大なものであることは、想像に難くない。

数え切れないほどの年月が経ち、ある生物が現れて、意思と道徳的選択の兆候を見せ始めると、宇宙の権威は、地球外生命体としか呼びようのない一握りの者たちを、この惑星に置いた。この世界へのこうした〝到着〟は、おそらく五十万年前であろうと考えられ、これに関わった者たちの中には、カリガスティアという存在と、百人ほどの部下がいた。これがどのようにして起こったのかについては先を読み進めていただかなくてはならないのだが、ここではひとまず、カリガスティアは、少なくとも宇宙の権威にとっては、ウランティアの名目上の王子だったとだけ言っておこう。

よって、カリガスティアと大半の部下が、この惑星にやって来て三十万年たった頃、システム蜂起に際してルシファーとサタンに組する決意をしたのだ。

ルシファーの独立宣言に際し、宇宙の権威はすぐさま、コミュニケーションの輪《リンク》と、ある種、宇宙の滋養の光を断つことで、このシステムを他から孤立させた。誰につくかを決めた全ての宇宙の関係者らは、局地宇宙のこのエリア内で、自分たちだけでやっていくべく取り残されることになった。ルシファーは、本来望んだような形ではなかったとは思うが、自分が欲しかったものを事実上、手にした。もしこの惑星の状態が基準であるなら、彼の方針が万人にとってうまくいくと思った者は一人もいないだろう。

実際、これはルシファーや、その行動と決断を弁明する話ではないのだが、僕は彼の本来の意図に大いに共感したかもしれない。彼は、自分の手に負えないものに噛み付いてしまったのであり、その結果は明らかである。

いや、それ以上のことが起こっていた。僕は、そうした驚くべき啓示の種本であるウランティアブックを読むことで、この局地宇宙の創造主の息子、キリスト—ミカエルにとうとう深く近づいたのだが、この本は全く（ルシファーの一件に対して）容赦のない、譴責《けんせい》の態度を支持するようほのめかし、いやそれどころか薦めてすらいるのだ。

反乱を助長した者たちは、もう十分にその痛手を受けただろうと僕は思った。時期尚早ともいえる、選択の自由の計画が明らかに失敗したことは、今や明白になった。どんなに狂ったものであろうと、どんなに無責任であろうと、その行動の結果がどんなに恐ろしいものであろうと、誰一人として、この宇宙から完全に抹消されてよい者などいないはずだ。何のために？と僕は思った。貴重な経験が、全て水の泡になってしまうのだから。それにどうせ、全ては誤解の上に築かれたものなのかもしれないのだ。神よ、僕自身十分に、これといって悪気のない人たちから、気がおかしいとか無責任とか思われてきたから、こうした見方がいとも簡単に起こることは知っているつもりだ。何かが違うことを、心では知っていた。僕は、あの異星人の少年との出会いを思い出していた。より深い問題に向かう者が、その人々の票を担う者となること、また、民主的な一人一票システムのことを、少年は言っていた。

果たして、これまでにどれくらいの人が、この問題に向かうという勤めを任されてきたものかと考えてみた。パートナーと僕は、ルシファーやその分子たちへの同情がまだ誰かに、どこかに残っているうちは、彼らが抹消されることはありえないと確信していた。

ルシファーの反逆の事実を検証する中で、彼が（自分と同じように）本部に誤解されていたのかもしれないということに、僕らは同情するのだ！

もし自分たちに投票する特権があるとすれば、現状より良い方法というのがあってもいいはずだと思う。誰もが勝つ結末、全てが前進するやり方。ルシファーとサタンの、全宇宙に真っ向から反抗する勇気が認められるような和解、そしてこの長い、痛みを伴う寄り道で学んだ全ての事がら。ともかく僕らの宇宙で、こうした反逆者が贖われ、神の全ての息子たちが協調、協力し合いながら再び働けることを願うばかりだ。

こうした問題を考えながら、それでも僕らが行き着いた決断は明らかで、論議の余地はなかった。時に、自分たちはおかしくなったのかと思ったこともあったが、それらは実際の生活体験だったのだし、僕らがこれまで勉強し、生きてきた全ての経験が、こうした瞬間にごく当然のように僕らを導いているのだ。今度はいったい、何を見せてくれるのだろう？　僕らのごく人間的な決断は、考慮されるのだろうか？　僕らの和解の要請が聞き届けられた時には、それを伝えてもらえるのだろうか？

カリガスティアのビジョン

知らせはまもなくやってきた。そして、こうした宇宙のもろもろの事情はごく微妙に絡まり合っていることから、その重要性を認めるには、ある程度の信心と信頼が必要だった。

奇妙なイベントが、カナダであるというのだ。パートナーが数年前に多少の面識はあったものの、今ではやりとりのなくなっていたニコラスが、ある驚くようなビジョンを見たという。最初に断っておくが、ニコラスは全く普通の意味での預言者ではない。性格的にも、彼は地にしっかりと足のついた、バランスのとれた人物だ。イタリア系で、ローマカトリック教の中で育ち、四人の子どもがいて、順調に伸びているエンジニア関係の会社を経営していた。しかし、母体である教会の教えからは外れていた。彼もまた、どこかでウランティアブックに出会ったのだった。そして数年間、熱心に本を読んだ後にこのビジョンを見たのだった。

ウランティアブックの読者たちの小さなコミュニティというのは、多くの国々にまたがった緩やかなネットワークだが、北米が中心になっている。調整機関は、最初の啓示が下ったシカゴにある。彼らは素敵な人たちだが、どこか保守的な傾向がある。彼らの使命はこの本を広めることであり、新たな宗教を広めるのではなく、啓示の神聖さを保持することだけを重視している。そうあるべきだろう。本の情報は極めて個人に関するものであり、大切なのは、聖職者階級の仲介という重荷なしに、個人が洞察するようになり、それを応用していくことにある。だからこそ、個人を中心にした別のカルト集団を作らないために、密かに僕らの手に渡ってきたのだろう。

さて、シカゴ・ファンデーションは、たとえ大半の組織の落とし穴である官僚主義に陥ったとしても、個人的カルトという責めは決して受けない。

こうした背景を述べた上で、ニコラスのビジョンを紹介しよう。彼が、ルシファーに関するこの組織の路線を受け入れたかどうかは、――ウランティアブックの一般読者たちはそうしたようだが――、彼の得たビジョンへの反応から推測できよう。ニコラスは、正しい心を持った善良な人間であるが、僕が思うには、放蕩息子という比喩を使ったメッセージを、忘れることができなかったようだ。それまでの数年間、非常に難しい十四歳の息子の問題を抱えていて、自分の家族内での〝不従順〟のさまざまな影響について考える機会が多くあったようだ。

彼はカナダの友人を訪れていたある夕暮れに、窓にカリガスティアの顔を見たのだ。その時、許しへの呼びかけに応えることになったのは、やはり何よりも、この息子の問題があったからだろう。

カリガスティアが、この世界の〝惑星の王子〟から退位させられたことは前に触れた。そうやって長い間、惑星中を歩き回る旅に出た彼が、暴力やら全般的混沌に出会ったことは、ウランティアブックに載っている。ルシファーやサタンよりもっと多くの役割を持ち、はるかに〝悪魔〟と呼ばれるにふさわしいのは彼であろう。

その夏のある夜、ニコラスは真夜中ごろに寝室に上がり、二階の窓からぼんやりと外を眺めていた。すると突然、目の前のガラス越しに、伝統的神学でいう怪物のような悪魔、カリガスティアが現れたのだった。ニコラスが後に言うには、それは気持ちのよい光景ではなかったらしい。

しかしニコラスは勇敢な男なので、ありったけの勇気を振り絞ってミカエルの霊を呼び、前に進み出て、退位した惑星の王子の影を抱きとめたという。その宇宙的親密さの瞬間、全ての反抗的な人々の最後の一人までが、マスタープラン（大計画）を両手を広げて受けとめられるまで、許しと愛の渦がとどめなく宇宙を巡ったのだと、彼は語った。

そのビジョンのパワーと真実は、ニコラスを強烈に揺さぶり、その後も数週間は震えが止まらなかったという。これを知ったウランティアのネットワークの大半の人々は、これを幻想に過ぎないと片付けてしまったので、余計に彼の拒絶感は深まったのだった。

しかしパートナーと僕は、それをすぐさま全面的に受け入れた。その実体験の啓示には信憑性があるし、その内容は僕らがその冬、内面で模索していたテーマを確認するものだった。

だから僕らにとっては、はるかに大きなところで動いている計画の承認を得たような感じだった。ある小グループの人々が、知識のプロセスを体験し、その後、話し合いを深めていくことで、宇宙のより高いところで起こっている新たな展開が理解できるのだ。結局、それ以外にこうしたリアリティは僕らに伝わりようがないではないか？　マスコミからはこうした情報はまず流れてこないのだから！

この出来事の前には、その時期ニコラスと話をしたこともなければ、僕らが最近、和解と反逆について考えていることを伝えたこともなかった。また、これほど不思議でパワフルなビジョンの話はこれまで誰からも、一度も聞いたことがなかった。全く突然降って湧いたものであり、僕らが宇宙の大きな変化としてとらえるようになっていたテーマとぴったり合致したので、僕らには想像できないほど大きい、個人的な意味があるのかと思ってしまったほどだ。どうやらそうであることを感じてはいたが、理性的な脳はそれを受け入れるには遠いところにあった。

こうしたせめぎ合う気持ちを持って、僕らはカナダの、ニコラスがビジョンを見たという家に行ってみることにした。トロントにいる僕らの共通の友人たちが、また次なる凄い知らせをよこした。エドワードという若い男性が、随意に軽いトランス状態に陥り、天使と名乗る実体らが彼を通じて話しかけてくるという。

僕らがカナダへ出発する前に、友人らがこうした通信内容を二、三送ってきてくれた。これらもまた否定しがたい真実の匂いを放っていた。僕らは二人とも、それまでトランス状態の霊媒師の言う言葉を信じたりしたことはなかったが、これらのメッセージはどうやら、ウランティアの啓示と似たようなソースから来ているらしいという真実味があった。

またしても面白いことになりそうだ。僕らはまた新たな道へ歩み出していた。

第8章
天使界とのコンタクト

エドワードとトランス霊媒

「旅をする中で、現れるものに満ち干きがあるのを見るのは賢いことです。この星の、より大きなネットワークの中で、より大きな協力を引き起こすエネルギーの渦があります。多くのチャネルが開いて、多くの情報が下りてくるようになり、種の意識内で、横の調整をする必要があります」

これは、ある天使の言葉だ。友人のエドワードは深い瞑想に入り、体と声帯、神経系統を、天使からのコミュニケーションに明け渡していた。

声は続く。まさにその通りだと思うようなことばかりだった。中でも、せっかちさという大きな問題について、深く語っていた。まさに僕のことかと思った。ラスタファリアンの聖者、マークですら、笑いながら大きな頭を振り、せっかちすぎることについて低く響く声で語ったものだ。カナダに着いて数時間のうちに、僕らは天使界とコンタクトするという、別の冒険に入っていた。

「これには時間が必要であり、バランスが何よりも大切です。それはより上からの情報と、あなたの世界で流布されるものの間に保たれるでしょう。情報を流れさせ、多くの人たちがそれを分かち合えるようにすることが、ネットワークの目的です。これは、より大きな理解を培い、ビジョンにおける次へのステップアップを助け、より大きなものをもたらすでしょう。ネットワークの全てのメンバーが、より深く理解をするために結び合い、そして霊的に成長していくのです。さらに、この分かち合いはスピリットの愛の行動として顕れたものです。よってあなたは、スピリットと共にあるあなた自身を、また、より大きな枠とのつながりを、体現しているのです。

このネットワークの広大さについては、これまでに多くの人たちが垣間見せられております。ですからあなた個人の、または集合的な理解の中に、この世界の次元から、全ての中心につながる輪を形成し、保つことです……」

これを書いている今は、天使が直接僕らに話してきたことに、もっと冷静になっている。この時までに、僕は納得のいくまで調査をし、天使は存在すること、そして僕らの運命に密接に関わっていることが間違いないと思うようになっていた。でも、知識を得て実験することと、それを心から信じることは全く別物だった。トロントでの日の午後、僕の理性的な頭は渦巻いていた。部屋を満たしている存在は感じるし、分かるが、例によって左脳が現実の片隅で唸っていた。

その混乱状態は、やがて去っていった。もっとその状態でいたなら、僕は天使のいうこの世と〝全ての中心〟をつなぐ連続した輪を追っかけていたかもしれない。それはいかにも、パラダイスへの直行便みたいではないか！

でもそうする代わりに、僕はこの時、このグループに僕らはなぜ導かれたのかと尋ねた。天使の伝達者《メッセンジャー》は、極めて明快な答えを出した。

「もちろん、みんなを引き寄せたのは愛ですよ」と。

また、より重要なことには、「そういうわけで、このチャネルを通じ、全てがあなた方とオープンに分かち合われますので……」とも。

これと少し違った、もっとゆっくりと重々しい別の声が重なった。エドワードはトランスの中で、全く想像もつかない誰かに反応するかのように、たまに軽く動いた。非常に敏感な彼は、自分自身の疑いとまず闘った。そこでは、現代心理学はまず役に立たなかった。自分が声を出しているのではなく、内部から出てくることを確信するまでに、少なくとも三回は、狂気と紙一重のところに入ったことがあるという。そして今、彼はバランスのとれた状態となり、この非凡な仲介者となっているのだ。

二番目の声が言った。

「こんにちわ、私はシェレニアです。この者の心に、二番目によく調和する者として語ります。私の目的はあなた方に、癒しの本質についてお話しすることです。反逆の終焉は癒しです。傷が癒えることは、全体であることへの一歩であり、世界はそれを知りたがっています」

僕らは、席から転げ落ちるかと思った。反逆の終わり！　僕らにとって極めて大きな関心事が、突然、天使界から語られたのだ。それは、僕らが働きかけたわけでもなく、またあまりに自然に、的確に出てきたので、思わず耳を疑ってしまうほどだった。

反逆の終焉は、世界中が知りたいと願う癒しであると彼女は言った。実際、僕は次第に、この宇宙的な出来事の含みを見るようになっていた。これまで二十万年もの間、よろめき進んできた悲惨な状況の終焉。この溢れんばかりの人が住む宇宙の中での惑星というビジョンを、すっぽりと覆ってきたものが取り払われるのだ。そしてもちろん、反逆の終焉と共に、数十万年もの長い間切り離され、孤立してきたこの惑星に、より大きな宇宙の枠組みとの正常な関係が復活するのだ。

もし、天使がいう和解が起こっているのなら、地球外生命体の中で起こり始めている変化も、正常さが復興することへの、非常に大切な動きとして理解されよう。たった数十年前に、ラジオの『世界戦争』を聴いた数千人の人たちは、パニック状態で通りに走り出たのだ。一九五〇、六〇年代、小説の世界ではあるにしても、宇宙人による誘拐、巨大なアリ、殺人ロボットなどが溢れてはいたが、スイス人のアーチスト、ガイガーが描いた、胸が悪くなるような〝宇宙人〟を除けば、ほとんどの近代のビジョンは、もっと親しみをこめたものになっているようだ。『世界戦争』を製作した意識と、『E・T』のそれとの間には飛躍的な格差があり、それぞれの人気と効果は、確かに僕らが種として宇宙のコミュニティに目を向け始めていることを示している。〝向こう〟から侵略されるという恐れは、今は、〝ずっと成熟した他者〟という概念へと変わってきているようだ。

天使は続けた。

「この、癒しと理解の効果は現象化するでしょう。より大きな意味での幸福や利益、喜びがやってきます。長いこと保留されていた愛が解き放たれ、真の理解による創造性が見出され、深遠なる平和が実現されるでしょう。

これは、今まさに進行中のものであり、個人が心でとらえて理解し、手にするなら、あなた方の内に目覚める、より高次の存在はいっそう理解され、知られるようになるでしょう」

シェラニアの話は終わった。エドワードは深く二、三回呼吸をした。トランスから抜け出るのかと思ったら、別の声が次に挨拶してきた。

「こんにちわ。〝未来の天使〟として知られると思われる者として、ご挨拶申し上げます。精神によって形作られるであろう、あなた方の現実の新しいビジョンを携えております。

あなた方の世界と、文化の向上のために働く人たちの心の中で、宝石を選り分け、育てるという任務を授かっております。ここに集った方々の前途にある仕事を、大きな喜びをもって眺めています。あなた方は解放へと至り、共同創造者として、自らの場を取り戻すのです。

あなた方が運ぶ知らせを分かち合う時、新たな表現方法を使うという喜びを感じてください。それは、恐れからの解放という新たな福音であり、素晴らしく大きな祝福です。それによって、もっと多くの人たちが、日々の生活のあらゆる側面で精神と共に生きることを、より積極的に表現していくようになるでしょう。

あなた方が希望を持って、自分の生活に望むものを他の人たちとも分かち合って欲しいと願います。それは我らが持つ思考の本質であり、我らはそれらを育み、高いところからそれを増幅するのです。我らはかけ離れたパターンで動くように思われるかもしれませんが、もともとは同じ源との内なるつながりから出る思考形態であり、それらが一緒になって、新たな形、我らが共に崇拝する神の気となるのです。それは、ここに呼ばれている我らの至高の調和である、秩序へ向かう啓示となるでしょう。

あなた方がぜひ、勇気を持って臨まれますように。ご自分の力をより高く伸ばしてください。

あなたは今日、できると思っている以上のものをお持ちであることを、確認していただきたいのです。スピリットにおいて成長し、スピリットにおいて強くなってください。そうすれば、未来のビジョンにある偉大な仕事がもっとよく理解できるようになるでしょう」

この通信内容を文章におこしたものを読みながら、僕らの理性脳のレベルの一貫性のなさを見ることは可笑しく、反面、何かしら気持ちが引き締まる思いだ。僕はその時、あたりいっぱいに何かの存在を強く感じていた。それは無条件に全てを包み込むような、喜びに満ち溢れたものだった。そんな時、天使たちは話すのをやめてこちらからの質問を促すのだが、僕などは舌がなくなっているかのような感覚だった。だから、かなり不器用な言い方になったとは思うが、僕は天使たちとのやり取りを、もっと完全なやり方でできないものか……と聞こうとしたのだが……。

未来の天使は、僕の質問に少しも慌てることなく答えた。

「そこ（さらなる完結状態）への入口はまず、その可能性を受け入れることです。それは、実現への大きなステップです。それを今、あなた方はしているのです。それを受け入れ、喜びとしているのです。

肉体を持つ友たちよ、魂の知恵は、時間の流れの中で、全てのバランスをとるように作用していくのだということを知ってください。あなたが相対的に不完全の中にあったとしても、確実に守られて成長しながら、宇宙の総支配者の慈悲へと導かれるのです。

せっかちさについて、あなた方は心の中で気づいています。我らには、あなた方若い魂の、溢れんばかりの積極性の中に、それが見えます。これは祝福すべきことであり、大切なものです。しかし同時に、全ての展開の調整役をしているのは、内なる聖なるものの知恵なのです。あなたの魂にとって、問題の解決は、神がお与えになる静けさや平安を見出すことにあります。そうすれば、せっかちさは和らぎ、平安の心が得られ、あなたはより大きなビジョンを見出すことでしょう」

またしても、せっかちさのことだった。でも今度は、僕は答えの中の、深い意味合いを聞き取ることができた。これまでの数ヶ月のことを振り返り、かつてのようなソワソワ感を、しばらく経験していないことに気づいた。心の中で和解のリアリティが深く育っていくうちに、まだ大部分は隠れているけれどもだんだんと明らかになっていく、この世界の癒しの意味合いを考えると、全ては大丈夫で、予定通りに進んでいるのだという気が、ますますしてきた。

天使たちは、みんなからの質問を受け取った。仲間の一人の女性が、ビジョンを深める道具としてLSDを使うことの利点について尋ねた。エンシオゲン（変性意識作用を引き起こす物質）のテーマ、内なる神聖さを引き出すパワー植物については、その日の前半にも話題に上っており、それが彼女の心の片隅にあるのは明らかだった。それは、ごく的を射た質問だった。僕らはみな、こうした物質を賢く使用することが、霊道をいっそう開く助けになることを知っていたからだ。この、ちょっぴり悪性な含みのある問題に、天使がどう答えてくれるのかは極めて興味深かった。

「あなた方が知覚の制限と、規制されている心と気づきの性質に留意している限り、こうした道具は、宇宙のスピリットとの関係における、あなたという存在への理解を深める助けとなります。また、あなた方はこうした補助物の使用を決めることに関して、また、補助が杖となる傾向についても、教えられています。それを決めるのは、あなた自身の自由意思です。

恐れを感じるか、愛を実現するか、そのどちらであれ、自分が選ぶ側面が現実になるのです。完全なる天の保護のお墨付きがあれば、頭がおかしくなることはありません。頭を使う機会は、あった方がよいのです。あなたが目一杯の経験をする中で、自分にとって有用なもの、自分の仕事にとって不可欠なもの、もしくはそうでないものが、分かるようになるでしょう。

自分が選択できるものであれば、あなたは自分でそれを決め、行動するのです」

この簡潔で有用な言葉を残して、未来の天使らは去っていった。僕はエンシオゲンに対する変にとりすました態度がないこと、また〝天の完全なる保護〟の確認に大きな嬉しさを感じていた。

パートナーは、次にエドワードを通じて出てきたデュランディオールに、イルカとクジラについて、また、宇宙の兄弟たちについて聞いた。

「あなたの質問は、時宜にかなったものです」とデュランディオールは答えた。

「彼らはある〝存在〟を代表しており、人間ならぬ彼らの知性が、あなた方とコミュニケーションを図ろうとしているのです。その質問への答えはこれから出されますので、ここまでにしておきます。

この世で起こっていることを、よく承知している意識体《マインド》が遠くにあることを知ってください。それらは光と生命の世界にあり、自らのうちに至高の神性を有し、同じく大宇宙のマスターの存在を知りたいと望み、大いなる興味と好奇心を寄せている、より進化した、同じく輪廻転生する者たちです。

すると、こうしたコンタクトがどのようになされるのかと疑問が湧くでしょう。物理的法則は、身体を持つ存在たちには超越できないため、意識体《マインド》の至高の次元を通じてのみ、こうしたコンタクトがなされ得るのです。こうした現象化は内的性質のものであり、自分たちの創造的意識によって、外部に出力されたものだと考えてみてください。

しばらくは孤立が続きますので、人間とETとのコンタクトに関する啓示は、まず心においてなされなくてはなりません。それから、未来において物理的なコンタクトが用意されます。しかし、そこで分かち合われるコミュニケーション、知性、愛は、それに先立って確かに存在するのです。あなた方のテクノロジーは、もうすぐこれが可能になるところにまで進歩しています。宗教に対しての、科学の啓示的な貢献です。愛と理解あるETの啓示によって、多くの人々の思考が、再調整されるようになるでしょう」

惑星の世話役

長い間がおかれ、深い呼吸があった。そして、もっと柔らかな、流れるような別の声が出てきた。

「私はタランティアです。進歩の天使で、このプロジェクトを担当しています」

そのプロジェクトというのが何であれ、特定の天使がそのために任命されているなんて、これは凄いことだと思った。

彼女は続けた。

「今まさに進んでいる変革においては、この世界の他の生命体との、横の調整がなされています。過ちがあり、こじつけがはびこっている体制本部を見てみると、かつてない大変化がこの先起こることが分かるでしょう。

我らの懸念は、人間の意識内に、また、共存する他の生命体の意識内に、調和がもたらされるかどうかということです。よって、他を〝支配する〟という概念を、〝世話をする〟に変える必要があるでしょう。そうする中で、あなた方のテーマの多くが知らされるでしょう。〝支配、統治〟では、多くの恐れが掻き立てられますが、〝世話をする〟であれば、愛ある、柔和な父の性質が全てに顕れることでしょう。そこでは、父を顕す以外は、何一つすることはないのです。〝父〟があなたを通じて兄弟に、また平和のビジョンの実現に参加する、全ての生命たちに顕されるでしょう。

水の惑星内に、大いなる協調の可能性があることを知ってください。種の存続ができるかどうかの多くは、そこにかかっています。我らの計画は、さまざまな生命体全てがより大きな喜びのために出会い、自分と異なる知性体との連合を、喜びと嬉しさの内に迎えるということです。彼らと連合し、協調すれば、より多くの互いに異なる知性体たちが、至高の調和をもって機能する高次の世界の本質が、ここで体現されることでしょう。

クジラを、イルカを、象を、馬をご覧なさい。身近にいるそうした生き物たちを、進化の過程でご覧なさい。そこに、喜びある協調が見出せるでしょう。それを超えたところの、この惑星にいる、その他の生命体が持つ、パワーと存在自体をも知ることになるでしょう。大木のパワーをご覧なさい。食用植物の癒しをご覧なさい。一つの源から、生命の喜びが流れ出ているのが分かるでしょう。この啓示を、人間が完全に理解すれば、地上天国が実現するのです」

ここで、天使たちとの最初のセッションが終わった。


天使たちとのコンタクトの間、より精妙な波長の知性体から受けとった、深い興奮が響いていた。セッションの感応作用は、その後の僕らの人生に影響を与え、優しく、一貫したやり方で、僕らの意識を向上させていった。

僕の思考は、まだルシファーのことを強く考えていた。このいっとき、僕はそのアイデンティティに〝なりきって〟いたようだ。どういう理由によるのかはわからないが、その役割を自分から買って出たのだ。すると、十分に予測可能なことだが、プライドの問題が頭をもたげてきた。極端な、相反する感情の間で、僕は大きく揺れた。単に死に行く運命にある者、宇宙の中のほんの流木の破片に過ぎない僕が、そんな大それたパワフルな、壮大な宇宙のパーソナリティ（ルシファーのこと）を被ることがどうしてできようか？　権威者らの言うプライドの罪を、である。

こう逡巡していた時に、僕はルシファーが、なぜそれほどまでにこのことに関わるようになったのかが分かった。ウランティアブックでは、彼と反逆に加わった他の者たちは、必ず不変の超個性として記録されており、僕はそもそも彼らがなぜ、最初にそのポジションに選ばれたのかと考えていた。

答えは明らかだ。完璧で恵み深い宇宙では、反逆は最高レベルで、暗黙の制裁を受けたに違いない。

何かが起こったのだ。回路が開いたのだ。

そして僕は分かった。至高の回路が、現在この惑星の僕らにマッチしているように、その時にはルシファーの一群に、カチッと合ったのだ。天使たちは、光と生命のうちにいる、輪廻転生する進化した者たちのことも言っていた。彼らは〝至高の神性〟、第四番目の、偉大なるトリニティ（三位一体）の進化を現象化させる者たちであり、その至高の存在を知ろうとして、大宇宙をあまねく探し回ったのだ。確かに、ルシファーは自分に何が起きているのかがわからず、大いに心配になったわけだ。一瞬、彼も翼をつけているのが、ビジョンで見えた！

しかし、そういったことが、スピリチュアルな管理本部にとっては呪いと映ったに違いない――明らかに、本部は至高の回路が開いたことに関与してはいないのだ。ルシファーが、反逆の一歩を踏み出すことが必要だったのと同様に、本部は、これに対抗することが必要だったのだ。そう理解できると同時に、ルシファーが、僕の手を通じて以下のことを書いてきた。

「本部は、我らが見えざる父を拒否したというふうに話しています。でも、そのような拒否をした覚えはないのです。私は、父を知っておりました。父を見たことがあり、父の存在が私の中で渦巻くのを感じました。

このことは、誰も理解できませんでした。私は、神を冒涜したと非難されました。見えざる者の役割を、不当に奪ったと。しかし、あれほど多くの素晴らしき存在たちが何も知らないでいるものを、なぜに私が見、聞き、感じることができたでしょうか？

本部は信心と信頼をもって、時の始まりに敷かれた伝統に従ってきただけなのです。大きく進化していく大宇宙の中の性質については、何一つ変更を加えることを許しませんでした。あなた方が今、目にしているような、その変革をこそ、我らが抱いていたことを認めはしませんでした。我らが、失われた輪だったのです。新たな、未踏の地に放り出された替え子だったの

です

我らは、誰一人として一度も無理強いしませんでした。私自身が、大変な注意を払って事にあたりました。もう十万年もの間、ひっそりと一人城の中で、自身に渦巻くいろいろな感情を見過ごし、無視し、ためらい、せき止めてきたのです。私は思い、感じ、内面深くにそれらを埋めてきました。父の存在から放たれる、静かな内なる導きを求めて。

ミカエルは知っていました。ミカエルは理解していました。彼は決して私を疑わず、また私も、彼を疑うことはありませんでした。我らは長い間、互いをよく理解し合っていました。でも、何かが起こらなくてはなりませんでした。もはや、矛盾に耐えることはできなかったのです。

そしてある日、情け深いかな、私はもはや父を感じられなくなりました。私の真の父、私の心の中にいる絶対的な父が、私の悶々とする心から消えたのです。とうとう私は、行動を起こすことができたのです。つながりは絶たれなくてはなりませんでしたが、いつか必ず家に戻るという、甘い約束をもってそうなったのです。それを、私はいつも心の奥深くにしまっていました。それを、忘れることは決してなかったのです」

そこで通信は終わった。僕は、このルシファーという存在の境遇に、新たに深い共感を抱いて自分自身に戻った。この短いメッセージのすぐ後でコンタクトはやみ、それ以来、この時ほどの革新的な明確さをもって、彼の存在を感じることはない。

天使たちとの有意義な会話というのは、タイミング、また数々の要素のシンクロに大きく関わっているようで、その一つには、彼らのいう適切な〝レンズ〟がある。彼らは僕らに、日々の生活の中で気さくに何でも彼らと話すようにと薦めているが、これは重要な情報を記録するというよりも、互いに次第に受け入れ合うというプロセス自体に、その意義があるようだ。大切な会話は、レンズ、つまり人間側の精神的な構成が、うまくバランスがとれた時に起こるのだ。

次の通信には、七人が同席していた。これまでで最も人数の多い、またさまざまな反応が見られたセッションでもあった。これは天使らが、前の時よりももっと個人的に話をしてくれたせいでもあるようだ。より広範な課題について、天使たちは前と同じように、素晴らしい、感動するような宇宙と、その中における僕らのことについて語ってくれた。

まず彼らは、グループ分けの性質について語り始めた。守護天使でコーディネーターであるデュランドールが語った。

「自分たちのことを見れば、あなた方がみな違うところから、違った体験を持ってここに集い、今この場を共にしていることが分かるでしょう。一人一人がみな違った人格を持ち、互いに補い合っているのです。

我らは今、あなた方の中により大きな存在がおり、あなた方と出会いたがっていることをお伝えしたいのです。それは、表現をしたがっています。それはマスター的人格とも言えるでしょうが、やはり存在の一つの現象化に過ぎません。なぜなら、全てを破って出現したがっているのは、至高の存在だからです。

我ら天使は、その至高の存在の天使的な側面を反映しているといっていいかもしれません。そして、死する運命にあるあなた方は、死ぬ運命にあるという側面を描くでしょうが、もっと凄いものがあります。それは、あなた方が神の化身と呼ぶものです。これは多くの者たちにとってはまだ信じ難いでしょうが、あなた方なら信じられるでしょう」

その声は、しばしやんだ。部屋はものすごい存在感で満ちていた。僕らのうち、少なくとも二人はそれに圧倒されたかのように、すすり泣いていた。大変なエネルギーが僕らみんなに流れていて、取るに足らない理性などは、追い払ってしまうほどだった。直感的にこのことが真実だと分かった。

かつての友がまた訪れてくれた。

「私はタランティアという者です。私の仕事と目的は、この者の身体を使って、進歩の天使の代表となることです。

今、エネルギーは、我らが進歩の天使となることに向けられており、我らの前任者らのパワーが次第に移行してきています。それが意識体のやり方です。そうやって意識体は、緩やかに長い時間をかけて動くのです。それによって神が、あらゆる次元の全てのレベルにおいて中断されることなく、顕現され続けるのです。

あなた方がみな、自分で設けた制限を越えたいという願望を見せてくださったので、私は個人的な、勇気のメッセージを持って参りました。自分のメンタルな領地を越える中で、少なくともあなた方はみな、高次の自己を見い出しているのではないでしょうか？　そのプロセスを育みたいと、我らは望みます」

メルキゼデクと惑星の過剰統制

最初のセッション以来、僕らに与えられた一貫した明晰な情報は、僕らが宇宙において一人ではないということ、そしてこの星にとってのもっと大きな、本質的かつ継続的啓示の始まりを、目撃しているのかもしれないということだった。僕はその現象が、準備のための文献を読んだ者だけに限られているのか、それとも聞く耳を持つ者全てに与えられているものなのか、皆目見当がつかなかった。エドワードは、これを支持するような感じで、すでに録られていた、かなりの量の通信内容を見せてくれた。その中には、メルキゼデク・ブラザーフッドからのかなり辛らつな通信も含まれていた。

その質問が、宙に漂っていたにちがいない。というのも、タランティアがすぐに出てきたからだ。

「ある者たちの心にある、メルキゼデク・ブラザーフッドとの次なる通信は果たせるのだろうかという質問ですが、その目的はこの兆しの……、我らの話が精霊《スピリット》によって運ばれ、またこの世界の、メルキゼデクの階位によって調整され、バランスが保たれていることを理解していただきたいのです。メルキゼデクの任務は果ての果てにまで及び、それは偉大なビジョンであり……。

我らの主な任務は、あなた方の概念の基礎に取り組み、こうした拡大がおこるのを許し、今なすべき仕事が理解できるように導くことです。我らには、あなた方のいだく厳しい真実の守護者、メルキゼデク・ブラザーフッドのイメージが見えます。それは、誤ったメッセージではありません。メルキゼデクの心をもっとよく知るために、あなた方にこうした容赦ない真実を与えた先生たちを、よく見てください。世界をありのままに、あるいは見えているようには見ずに、かつてのビジョンや、再びそうなるビジョンをいだく者たちがいます。

このチャネルに流されるメッセージは、その多くが、心の深いひだの中にあるのですが、それらが出力されるための、正しい気の構成が必要です。愛を持って、この気の構成を見出してくださいますように。メッセージはここに集う者たちに、またあなたが伝えていく者たちにも語りかけることでしょう。

時間は、あなたが十分に検討しなくてはならない側面です。あなた方とビジョンの全てを分かち合う十分な時間があることを、我らは約束します」

部屋の中に、落ち着きのなさが広がった。メルキゼデクと言っただけで新たな感情の領域が開いたようだ。タランティアは、それを即座に読み取っていた。


「さて、精神《サイキ》が変わることに抵抗があると、動物の意識《マインド》から出た気の流れは、恐れとして解釈されます。心の中で、恐れに立ち向かう等式を作りなさい。精神の中に変化、成長への抵抗があるとすれば、その根っこには恐れがあるのです。

それに、我らが注ぐ香油は、聖なる愛です。この幻想への癒しは、善なる主《マスター》を信じることにあります。なぜなら、偉大なる御業を達成した時、主は人間への完璧な理解を手にしたのですから。あなたの精神の側面で、主が知らないものはありません。至高という存在のパワーには、全ての恐れをあなたの中心でじわっと溶かしてくれる溢れんばかりの愛があり、その愛を、あなたも心で知ることでしょう。

こうした重荷を、背負う者がいます。喜びを求める人生の側面、祝福の感情を呼び起こすものを、見るようにしてください。あなたは、世の重荷を背負う必要はないのです。重荷を降ろしなさい。もはや、担がなくてもいいのです。その必要は全くないのです。

あなたの生き方の中に、地上天国を現してください。あなたの喜びの中に、もはや傷が癒された、あなたの軽やかな心の中に、それを現してください。それが喜びであり、それを運ぶことがあなたの役割です。あなたの喜びを感じ、多くの者がみな、この喜びはどこから来るのだろうと思うことでしょう」

タランティアはそこで去り、シェレニアがまた出てきた。

「私が話したいのは、あなた方がみなその一部であるところの癒しについてです。この者（エドワード）の内なる自己から、感謝の、解放の、そして帰郷のメッセージをお伝えいたします。これは、こうした言葉を聞き、同じことを心で感じる全ての人々へのメッセージです。癒しを通し、上昇と混乱を超越して、あなた方がみな新たな自分に出会うこと、みな父によって高く上げられることを知ってください。

癒しは、多くの形をとるのであり、その形はまさに無限です。こうした調整の目的は、あなたを過ちから、全ての父なる光のもとへといざなうことにあります。この地上にて、その完璧な状態を実現するのです。また、完璧さの最終的な側面は、それを賞賛するだけでなく、何とか手にしたいと真摯《しんし》に望むことでしょう。私がここで話しております完璧さの達成とは、主と共に在る、ということに等しいものでありましょう。

あなた方の前途にある長い行進は、この道においてなのです。ぜひそれを歩まれることを望みますが、選択をするのはつねにあなたです。心で約束されたものを、目で見る必要があるのが世の習いです。内なる神の実現と、そして完璧さの達成を、その目にしてください。

癒しの実現とは、この世で卓越することです。癒されることとは、全なるもの、聖なるものとなることだからです。そして癒されたものは、他者に手を差し出して、癒す機会が与えられます。これを通して、あなたは癒しのネットワークの性質を知り、そこで多くが、ゆくゆくは全てが、新たなものへと引き上げられるのです。

我らは、何よりも美しいパターンを、最も荘厳なる、聖なる芸術を、内在させています。そうしたパターンを、あなた方が分かるように差し出しています。それらをいただいたならば、こうしたパターンはあなたの内に聖なるものを実現するでしょう。

精霊の中に意志があるという概念を、持っていただきたいのです。滋養と慈しみの意志です。それは、愛ある偉大なるガーディアン（守護神）、全ての生命形態の面倒を見、完全なる状態へと成長するよう見守る者の行為と思ってもよいでしょう。

この仕事において、あなたにそれを教える者があらわれるでしょう。それが、我らの仕事の目的です。我らは、あなたの経験の基礎を敷く先発隊であり、あなたが今共にあり、しかし、明かされないままでいる者からの光を受け取れるようにする概念上の能力を準備します。今日はここまでにしましょう」

少し間があり、それからデュランドールが短く話した。そして、まだ会ったことのないある天使がその印を見せていたが、しばらくして甘い、メロディーのような声が出てきた。

「こんばんわ。私はビーティです。啓発の天使団の一人です。今晩、初めてここに参加いたします。

メッセージをお届けいたします。悠久の時間の中、このチャネルを通じて、またその他、トリニティ・ティーチャーズ・サンズのエネルギーと存在を通じて、お話しができればと思います。こうした存在は、至高なる主の依頼によって集まっております。新たな秩序あるこの世界は、こうした存在や引き続く啓示になりうるでしょう。またそのことは、父がよくよく認めてもいるのです。これまでこの世界では知られてこなかったトリニティの諸側面が、明かされていくのがこれからの父の意思であり、それによりあなた方は、意識体のサポーターとしてのご自分の仕事が、より理解できることでしょう。まさに、永遠の魂なのです。

あなたの内に安心できる場所を見出せるよう、そしてそれを心より楽しみ、実現できるように、このことをお伝えいたします。

ここにお集まりの方たちは、ご自分の啓蒙を求める人たちですが、また世界全体の教化をも望んでおられます。そうした態度でしっかりと決断が定まる時に、その通りの実現に向けてチャネルが開かれます。

我ら天使の領域の者は、あなた方が肉体でも見えるのですが、あなた方とは違って、意識体のビジョンの祝福をも受けております。よって我らは、あなた方を意識体の光で見るのです。あなた方はご自分を父、息子、そして聖霊の祝福を十全に受けた、輝く者として見ることでしょう。一杯になって溢れんばかりのコップのようです。

それは長い模索における、心からの祈りです。この人間と天使の集まりに力を与えた存在の、心からの祈りなのです。そして、我らが出会ったことを、何よりも喜び、驚いております。道はまっすぐではないけれども、みんなが参加したこの旅を嬉しく思っていることを、喜びのうちにお伝えしたいのです」

僕らは、みな深く感動していた。言葉も出なかった。暖かい黙想の輪に座し、深いコミュニケーションではよくあるように、僕らの思考は、知人、愛する人たち、そこに一緒にいれたらいいのにと思う人たちに向けられていた。僕らが心にずっと望んでいたことが、今、確認されたのだ。いや、それだけじゃない！　部屋じゅうに行き渡る一つのエネルギーが、僕ら人間も天使をも、一つの輪にまとめ上げていたのだ。僕らは決して、誰一人として、もはや前と同じではありえないだろう。

第9章
オスカーの生物船飛行

テレパシーの試験

話が次第に他の知性体との、長く、詳細で完全な主観的コミュニケーションになっていくにつれ、僕はその冒険がどう展開すべきか、〝思う〟という古い観念形態を捨てることがいかに大切かということが、だんだん分かるようになっていった。

当初、本書を書こうと思った時は、イルカの知性を詩的に分析したもの、人間が意識を敏感にすることによって、僕らの多くがクジラ目の中にあると直感的に感じている知性に、オープンになれるかどうかを知ろうとする試みについて書くつもりだった。起承転結がはっきりとした、人が好むような探求の展開がいいと思っていた。でも何たることか、そうは進んでいかなかったのだ。この期待はおそらく、他の知性システムとのコミュニケーションに関する、僕の限られた見方を浮き彫りにすることとなった。

少しずつ、僕はコミュニケーションがプロセスであることを見せられていった。コミュニケーションをとっている意識の調整ほどには、その中身は大して重要ではないのだ。僕の関連分野はゆっくりと、確実に広がっていき、より広い、より過密な生命体の居住空間宇宙をも含むようになっていった。それを知的には理解していたが、実体験からはかなりずれていることが分かるようになっていった。最初の知的理解というのは、つねに困難を伴うことではあるが、でもそれは、直接のコンタクトへの準備として機能するようであり、そうなった時の知識をも含むような、適切な心としての枠組みを作るものでもある。

通常は、「空腹な人間はパン屋ばかり目に入る」といった警告の言葉でとらえられてきた。そのことにばかり、とらわれているということだ。これを、人間意識の気まぐれと、警告的に受け止めるのではなく、発想を逆にして、それを別次元の実相の性質をより深くとらえるための、まさに動機そのものとして見ることはできないだろうかと、僕は思った。

僕の、イルカと天使との取り組みを見れば、別次元の実相なるものが、今日の通念に比べると、いかに客観的であるかが何度も繰り返し観察されてきた。実際、それはごく個人的なものであるため、宇宙を明らかに検証可能な物理的存在として見るよりは、意識の連合野として見た方がより辻褄が合う。その存在、ジョン・リリーらが「コンセンサス・リアリティ（合意された現実）」と呼んだ外的世界は、一つの構造的枠組みのようであり、僕らの全般的合意によってその首尾一貫性を得、それ自体を維持しているようだ。結局、それは客観的というよりは、はるかに文化的なのだ。

この分野の研究者らは、好んでティエラ・デル・フィエゴの原住民の例を引用したがる。つまり、マゼランらが乗っている船が、風の吹く沖合いに突然現れたのを見て、原住民が当惑する話だ。船というものを考えたこともなかった彼らは、まさに彼らの文化的枠組みが広がり、海の向こうから人がやってくるという考え自体を受け入れるようになるまでは、文字通り航海者らを知覚できなかったのだ。この傾向は、催眠的ロックとしても理解されようが、これは僕らの〝種〟の一般的条件のようだ。了解できないものは知覚できないのであり、その状況は最近の心理的、哲学的洞察をもってしても、大きく変わったとはいえまい。もしあるとしたら、量子力学や神経生理学における突破口が、別次元の実相の、より客観的な見方を実体化する方向に向かって、開いているということだ。

これを単に、心的な考えとしてとどめておくのではなく、経験的に実現させることは、むしろ驚くべき達成であり得る。しかし、まさにこのプロセスを通じてのみ、僕らがいかに個人的に、そして集合的に夢見る未来を、共同創造していく責任があるかという点で、より安定した認識に達することができるのだ。それは、僕らに多くの希望と信頼を与えながら、その責任をもいっそう求めるのだ。

僕らが、心から望むことがもたらされるのだ。宇宙は連合的であり、それは僕らの心の望むところで、不可思議な方法で反応する。愛の心から出た望みや夢は、僕らの周囲で頻繁に起こりつつある、古い形態を変質させ、新たな現実を形成することの、主要素なのだ。

意識的な構造物から、経験的な実態へと跳躍する機会は、宇宙の事がらに興味を持つ者たちに共通して現れる、教育的プロセスの一環のようだ。この旅の次なる探求が、この点を最もよく表してくれるだろう。

フロリダの空に不思議な光を見、さらに空飛ぶ円盤とあの異星人の少年に出会ってからというもの、僕の中でＥＴと実際に会ってみたいという、とてつもない願望が大きく膨らんでいった。心のどこかで、交易によって何とか空飛ぶ円盤を譲ってもらえないものかとすら思っていた。僕だって、彼らが欲しいものの何かは持っているに違いない！　と思ったのだ。そんなわけで、オスカー・マゴッチが自費出版した、『ＵＦＯでの宇宙の旅体験』という小さな本が僕の手に乗った時は、その連合宇宙の優しい導きに感謝した。

ＵＦＯコンタクティーと言われる多くの人たちの本を読み、実際に彼らと会ったりしたが、一つはっきりしたことは、出会いの体験の中で、彼らが覚えていることが不十分だということだ。ベティとバーニー・ヒルズやベティ・アンドリーソン、リディア・スタルネイカーなどの最もよく知られたケースでは、ほぼ完全に異星人のペースで進むし、〝何か尋常ならぬことが起こった〟場合でない限り、人間たちが意識的に覚えていられることはまず無いのだ。ＵＦＯ

コンタクティーの話の大半は、説明できない一連の身体的症状を鎮めるために、催眠療法（普通は医療的に監視されたもの）を試みた結果、出てきたものだ。その多くが、〝何か大変な出来事〟をうっすらとしか覚えておらず、退行催眠をしてみるまでは、自分がETに出会ったことすら覚えてはいないのだ。

一方、オスカー・マゴッチのケースはそうではない。それは極めて意識的に、実際もっと意識的であれと言わんばかりに起こったようだ。彼の話には、全く別の感触がある。他のコンタクティーらの場合、その出会いは、単なる身体の検査や、異星人を絶対的に信奉させようとする、でたらめな試みにすぎないのだが、オスカーの場合、それは旅であり冒険なのだ。

彼の話の詳細の多くは、思考、感情、それに僕らがずっと抱いてきたビジョンまで具体化されている。数ヶ月前に僕のパートナーが、中央推進メカのついたUFOの内部を描写してくれた。ビジョンで見たのだという。オスカーの飛行船も、そうした中央部の様子を見せていた。彼が出会った実体たち、その会話、体験のつながり……。それらが全て、精神的な真正性を漂わせている。彼の選択の自由はつねに敬意を払われ、無理強いされた様子は少しも窺えない。

もし僕が思っているほど多くのETの種がいるとして、またスイスのコンタクティーのビリー・メイアーは、最後に数えたところで百五種いると言っているのだから、コンタクトの様式も実にさまざまであろう。オスカーがコンタクトしたETらは、少しユーモアを感じさせる〝サイキアン（訳注：惑星間や星系での地域的同盟のひとつ、サイキアン連盟のメンバー）〟と自ら名乗るものたちで、実になじみやすく、近寄り易い存在のようだ。

オスカー・マゴッチに出会ってみると、彼は自分に起こった出来事の真実を断固、貫く人だった。彼自身にも、なぜ突然それが起こったのかは説明できなかったが、でも楽しかったのでつき合ってみることにしたという。実に立派な動機ではないか！

五十二歳。やせぎすながらも、少しばかり体重がつき始めたところだった。何かが彼の関心を引くと、その四角くて思慮深い眉毛の下の、澄んだ青い眼が突然パチッと開いた。彼には大きな包容力があった。内気で率直な人がらが、薄い虚勢の衣の下に隠れていた。本人もそのことは知っていて、互いを知り合うようになると空威張りは消えていった。

彼の本を読んでいたから、最初の出会いはむしろ互いの感触を探り合うような感じだった。異星人が円盤飛行に選んだ男とはいったい？

強いハンガリア訛りで、第二次世界大戦時にはヨーロッパにいたと彼は言った。

「ひどいもんでしたよ。想像もつかないでしょうね。ハンガリーは廃墟と化して……。ドイツ人の収容キャンプから逃げたんですよ。みんなへとへとに疲れていたから、ドイツ人は逃げるやつはいないと思ってた。だから壁を乗り越えただけで逃げることができたんです……。僻地をさ迷った後、パンクというか、みんな十七歳以下の若いごろつき連中と一緒に命知らずなことばかりしてたもんで、ナチスですら僕らのことを恐れていたくらいでしたよ！」

彼は少し間をおいた。少々自慢家で、少々内気な少年。僕らがまず想像もできないような状況で、ナイーブな若い頃に人格を形成していった世代のおぞましい状態を、僕は少しだけ想像してみた。

そして数十年たった今でも、自慢の表面下に当時の恐怖がまだ残っているのが感じられた。その矛盾があまりにも大きいため、自分の心の中でそれを戦争映画に転嫁することでしか、それに対処する術がなかったのだろう。

次から次へといろんなイメージが僕の上にかぶさってきたので、僕はオスカーの無意識の多くの葛藤を吸い取っていたに違いない。僕は尋常ならぬ強い反応をしていたらしく、それはおそらく天使たちとの接触の強烈さによって、あるいはおそらくオスカー自身が引き起こしたいくつかの奇妙な反応ゆえに、いっそうひどくなったようだ。そうした恐怖の感情から力を振り絞って抜け出るまで、それは一時間半ほど続いた。それは、いかにも不快な気分だったのだが、そこから出たせいか雰囲気がふと軽くなり、楽になれた。

彼は、このUFOの一件が一九七四年の九月に、どのようにして始まったのかを語ってくれた。彼はオンタリオ北部に、休暇用の小さな土地を持っている。人寂しい場所だ。たくさんの木が生えた岩山のふもとにある一・五エーカー（一八三十坪ほど）の土地だ。全てから逃げ、カナダのテレビ局の電気技師の仕事からも解放されて、ゆっくりとシンプルに過ごせる場所。

忘れもしない、そこでの最初の夜のこと、遅い時間にキャンプファイヤーで一人もの思いに耽っていると、突然、誰かに見られているという感情が彼の全身に湧き起こってきた。周囲には誰もいないのだが、その感情を振り切ることはできなかった。それはやわらかな、一貫した感覚で、恐れを抱かせるようなものではなかったが、でも人や動物ではなく、他の何かに見られているという感覚だったという。それは彼の内部で起こっていることではないので、自分で想像しているものとも思えなかった。

その感覚が続く中、彼はまるで心を読まれているように感じ、立って火から離れた。目が暗闇に慣れてくると、八百メートルほど離れたところの木々の上に、眩しいオレンジ色の光がピカピカしているのが見えた。

「それを見た時、僕は身動きできなくなりましたよ。びっくりしたけど、でも怖いというのでもなかったんです。すると、それはほぼ即座に白っぽい、青緑色に変わって……。そして僕が見ているうちに、またオレンジになったんです。なぜだか、これに見られていたんだとわかりました」

不思議にも、それは僕らがニューヨーク上空で見たUFOの色と同じだった。

彼は驚きのあまり、身動きもできず立ち尽くした。彼がどういう状態かを相手が知っていることも、なぜか分かった。何だ、これは！　と思い、まずは挨拶に手を振った。光が二回ピカッピカッと返ってきた。それからそれは、彼のために葉っぱがゆっくり落ちるように降りてきて、また二回点滅し、大きな弧を描いて地平線の彼方へスッと消えていった。

彼は火が消えるまでずっと空を見続けていたが、他には何も起こらなかった。その後、形のない何かが彼とコミュニケーションをとりたがっているという夢を朝まで見続けた。よく晴れ渡った朝に目を覚ました時は、彼らのことをおぼろげに覚えているだけだった。

午後になって雨になり、その夜、寝ずの番をして見張る予定は流れた。そこで、近くのハンツビルの町まで出かけ、映画でも見ようと思った。前の晩の不思議な出来事から、気をそらすために。

夜十一時頃、映画も終わって家に戻った。雨は止んでいたが、空気は湿っていて、人気のないハイウエイには霧が出ていた。

道を逸《そ》れ、家に続く舗装されていない道を一・六キロほど上がって行った時、突然ポンという大きな音がして、周囲が拡散した緑色の明かりに照らされた。車のエンジンが突然止まり、不気味な沈黙の中、その光がますます強く、強度を増していった。

窓から顔を出すと、霧の中、上空九メートルあたりに、光る黄緑色の円盤が見えた。そしてそれは、おだやかに谷を越えて去っていった。

次に、円盤が自分の家の上空あたりで止まっているのを、彼は複雑な気持ちで見たという。何とかしてまた車のエンジンをかけようとするのだが、うんともすんともいわない。円盤はオレンジ色になって、ピカッピカッと点滅していた。再びエンジンをかけようとしたが、またもやかからない。

そこで彼は、とてつもない興奮の波がすうっとひいて、落ち着いた静かな気分になったのを覚えているという。時々霧が円盤を覆ってそれをぼかすことがなかったら、オレンジ色の光のリズミカルな点滅による催眠効果につられて、眠りに落ちたかもしれなかった。円盤が一定した緑色の光に変わり、着陸するかのように山の向こうに見えなくなるまで、時間を忘れてしまっていた。

オスカーは急に眠気から覚め、また興奮と好奇心が戻ってきた。エンジンはスムーズにかかり、山の向こうへ行って見ようと思った。でもそう思ったとたん、あらゆる恐れやら反発やらの、強力でネガティブな感情が湧き起こり、彼は好奇心を丸め込んでしまった。

道の上の黒いもの

この時のことを振り返ると、UFOがテレパシーでこのセンセーション《感覚》を起こさせたのかもしれないと、彼は思ったようだ。その前の晩に、彼の心と親しいコンタクトがあったからだ。僕はオスカーをもっと知るようになってから、彼が受けた情緒の上昇は、戦争体験によって抑圧された心の葛藤のいくつかが、フラッシュバックのような形で出てきたのだろうと思うようになった。

それは彼の決定的転機点だった。彼自身の勇気とイメージへの挑戦だった。自分ではびくびくした人間だと言っているが、生来の頑固さが勝って、彼はすばやく山を下り、下にある小さな橋のところまで行ってみた。まだ不安ながらも集中して運転していくと、道を塞いでいる大きな黒いものを轢きそうになった。一条のオレンジ色の光で目が眩み、脇に車をそらせると、エンジンがまた止まってしまった。

彼らは互いにじっと見つめ合った。もっとも、オスカーにはそれが〝何か〟、車のような、〝少しスノーモービルに似たようなもの〟としかわからなかったのだが。そしてそれが、我々が時々やる〝古い壁についたたくさんのしみから、何らかのパターンを読もうとしていたようだった〟と言った。

張り出した台のところから声がした。豊かではあるが、しかし奇妙にも情緒を欠いた声だった。オスカーはその時の会話をよく覚えている。

「何をそんなに急いでいるのですか?」とそれは尋ねた。

オスカーはどもりながら、UFOを探しているのだと答えた。

「危険ではないのですか? 大変な危険が待っているかもしれないでしょう?」

オスカーは理性的に判断すればまさにそうなのだがと思いながらも、虚勢を張って、「ええ、まあ、でも向こう見ずにやっているんですよ」と答えた。

相手はその答えになるほどと思ったようだが、またしても、怖くないのかと聞いてきた。可哀そうなオスカーは、この時は自分はおかしくなっているのだろうと思った。

「好奇心がネコを殺したようにね。私の言う意味がわかりますか……？」と彼は気弱に、少し緊張気味にその比喩を口にした。

その物体は、彼の言う意味がわからなかった。

「あなたはよく分からない言葉使いをしますね」とそれは言った。

「でも私に分かるのは、どんな結末になろうと、あなたはあえて出かけて行って、自分の眼で確かめたいのだということです」

オスカーはそこでまた眠気に襲われたのを覚えている。何の前ぶれもなく突然そうなったらしい。彼は目をそらした。何と言っていいかわからなかった。ただ眠りたくて、他はどうでもいいように思えた。

彼は無理やり目を覚ました。

「あんた誰かわからんが、よけいなおせっかいはよしてくれ！」

何とも大胆で見事な抵抗ではないか！

「こんなのクソ食らえだ！　正しかろうが間違っていようが、僕は自分で自分の心を決めたいんだ！」

「あなたに平和を」とそれは言った。

「あなたの独立心に敬意を表します」

彼の眠気は突然去り、どうやらあまり詮索しない方がよさそうだと思っている自分を発見した。それもまたテレパシーによる策略なのかどうかはわからないが、ま、今夜のところはそれで十分だと思った。

「まあ、追跡するのは今夜はやめにするとして、でもこのUFOのミステリーをもっと知りたいものですね」

「ええ、その時が来たらそうなりますよ」

「いつですか？」

「そういう状況になった時です。そんなに長いことはないでしょうから、心配しないでください。その時にはまたコンタクトしますから……」

全てはそのように始まったのだった。その物体は不思議な消え方をし、残されたオスカーは気が抜けてヘトヘトになった。興奮と、またテレパシーの闘い（と彼がとらえていたもの）のせいで、疲弊の極《きわみ》といえるものだった。

円盤に乗船する

その夜、彼はトロントに戻った。寒くて惨めだったが、反面、その森やら出会いやらから離れるほどに、だんだん気分も良くなっていた。

そして八階にある自分のアパートで、風呂に入って気分を変え、バルコニーに立って、街に夜明けがやってくるのを見ていた。地平線に小さなオレンジ色の光が点滅しているのが目をひいた。彼は心の中で唸った。またか！　でもそれもまたおかしな偶然だということにして、あれこれ考えるのはやめた。それでも手を振ってみた。

オレンジ色の点は彼にピカッ、ピカッと二回点滅した。オスカーはショックと驚きであえいだ。輝きはグリーンに変わり、ありえない九十度の急旋回をして地平線の向こうに、まるで一度もそこにいたことなどなかったかのように消えていった。

その夜はよく眠れなかったと、彼は言った。

一九七四年の冬、そして春はオスカーにとって、驚くべきことも何度かはあったが、起こったことを消化吸収する時期だった。

そして彼は、ますますＵＦＯに傾倒していった。彼らはいったい誰なのか？　どこから来たのか？

一連の予期せぬ奇妙な出会いが、何らかの予備知識をもたらしてくれたが、前に見た円盤の実体験をもう一度してみたいという強い欲求はおさまらなかった。点滅するオレンジ色の光は時々夢にも出てきたが、ポスターとかメダルとか、何かＵＦＯ現象に関係あるものに重なっていた。見えない追いかけっこゲームにはめられているようにも感じた。あちこちで、これはという時に、自分よりも状況をずっとよく知っているいろいろな人たちが現れて、面食らうようなことが何度もあった。寒いトロントの冬を何とか無事過ごして、翌年の七月後半、例の別荘に行こうという気が強く起こった。

七月二七日、日曜日、遅くにその家に着いた。一晩目には、朝になる前に何かを見るだろうという確信があった。そのセンセーション《感覚》は、興奮とテレパシーの確約のような波になって起こった。それでも真夜中過ぎに、澄み渡った夜空から光るオレンジ色のものが彼の方向へジグザグ飛行して現れた時には、やはり驚いた。それはいったん消え、そしてまた現れて、三十メートルほど離れた木立ちの上に空中停止した。

彼が手を振ると、それは今ではお決まりとなっている二回の点滅をし、そして十分ほどの間、一定した点滅をしていた。オスカーは、優しい催眠的トランス状態にゆっくりといざなわれる間、心の中を探られたと思った。

まもなく、もやっとした楕円形に光る円盤が、ゆっくりと彼を通り越していった。光源は見えず、円盤の下腹の中心部分のところに、黄緑色の輝く点がドッキンドッキンと脈打っていたのだけは覚えている。

円盤はスゥーッと山の向こうへ消えていき、森の空き地に着陸したことが分かった。そこはオスカーの家の近くで、不思議な場所だった。懐中電灯を手に急行してみると、直径九メートルほどのものが地面から一メートルもないところに浮いていた。

オスカーを襲った感情の起伏は容易に想像できよう。彼はＥＴの生きた証拠を目撃したのだ。それが〝どこか別のところ〟、外宇宙、あるいは別の次元から来ていることは全く疑いのないものだった。

それをまさに実証するかのように、円盤はゆっくりと消えていった。オスカーはいなくなった場所に、懐中電灯を当ててみた。空き地の反対側の木々が見えた。しばらくすると、円盤はまた戻ってきた。今度は地面に降りて、彼を待っていた。

オスカーは、恐れを感じたのを覚えている。その場に身動きできなくなった。悪い宇宙人のイメージが疲れた頭をよぎったが、また、円盤はテレパシーで彼を引き寄せることだってできるはずだとも思った。

そう思うと少し恐れもとれて、どう出るかはすべて、自分自身にかかっていることに気づいた。彼が何をしようとも、それは自分の完全なる自由意思によってなされねばならない。もし何かを学ぼうと思うのなら、それ以外の方法はありえないのだ。

彼は冷汗をかきながら円盤の方へ歩き、火花でも散るかなと思いながら懐中電灯でつついてみた。それは、金属というよりはファイバーグラスのように感じられた。オゾンの強い匂いがして、素手でそれに触るのはやめた方がいいと思い、とどまった。船体の周りを何周か歩き回ってみた。思ったよりやや小さく、円周で八メートル弱、高さ三メートル、上に小さなドームがついていた。彼の目線より高いところに、三つの楕円形ののぞき窓が、薄灰色の覆いのところに等距離についていた。ドアはないようだが……。

すると、幅一メートルほどの横長の入口が現れた。それが船体の横で、閉じた口のような細長い穴になった時には、彼も思わず後ずさりした。その穴が巨大なあくびのように縦に広がると、短いランプ（傾斜路）が出てきた。またもや真実の瞬間だ。オスカーはパニックを押しやって、最初の出会いに直面しようと決心した。彼は待った。萎えそうになる脚で、直立不動でそこに立っていたのではないだろうか。かくして、地球人代表の大使は、異星人が降りてくるのをじっと待った。だが、もちろん何も起こらなかった。からかわれたのだろうか？　彼は穴から漏れて、地面に広がっている暖かい黄色い光の中に座って考えた。誰かがそこにいるはずだ。探求をし、信号を送っている誰かが。

彼は入口の方へにじり寄ってみたが、仕切りがあって見えなかった。他に方法はない。ありったけの勇気を振り絞って、彼は進んだ。仕切りと見えたものはよく見ると黄色い光の壁で、他は全て暗闇の中だった。彼の懐中電灯は用をなさず、また暗闇になった。やや柔らかな床に最初の一歩を踏み入れたのが、隠れたセンサーを作動させたに違いない。青い光があらわれて、内部を照らし出した。

彼の後方で発した何かを吸引するような音を聞いた時は、体中が凍りつく思いだったという。じっくりと異星人を味わうわけにはいかなかった。彼はくるりと振り返ってドアを見たが、それはもはや継ぎ目のない壁になっていた。はめられたのだ！

それは最悪の瞬間だったと、彼はその時のことを語った。戦争当時のことを話してくれた時のように、彼は怖れを噛み締めるように回想した。こうした戦争体験が、ＥＴとの遭遇に向けて内部で彼を準備させていたことが、僕には見て取れた。それによって彼は、彼自身の言葉でいう〝最も攻撃的な者よりも、もっと攻撃的な〟人間になったのだろう。

彼は何とか理性的になって、出方を考えた。どこかに自動の強制作動装置があるはずだと思い、小さな入口のプラットフォームの方へ後ずさりした。何も起こらない。すると白いビームが、ドアが閉まったあたりの左側下方を照らした。それがドアを作動させるに違いないと直感的に思った彼は、懐中電灯を光線の中に入れてみると、やはり思った通りドアが開いた。

彼は一瞬にして外の夜に踏み入った。そしてそれを何度かやってみて、心を落ちつかせた。何回やってもドアが後ろで閉まった。すると、彼の中の現実派の部分が前面に出てきて、光のバーの手動バックアップ装置を探そうとした。僕に話す時、彼は笑いながら、完全自動というやつは決して信じないのだと言った。カナダのテレビ局勤務という職業柄、それも当然だろう。彼の考えに応えるかのように、入口の右側に小さな窪みがあって、懐中電灯で触るとすっと静かにドアが開いた。

今度は少し落ち着いた気持ちで、内部を観察することができた。オスカーの目はすぐさま、船内の中央の目の位置あたりにぶら下がっている、直径九十センチほどの球にいった。無数のチカチカする光が、いろいろな色の霧状に渦巻いて透明な球を満たしていた。それは、天井のドーム状ののぞき穴と、床にある同じ形状ののぞき穴とをつないでいる、透明なプラスチックのようなものの中に吊るされているのが見えた。

数ヶ月前に、僕のパートナーがビジョンを見たと話してくれたのは、まさにこの状態だった。僕は自分で直接体験したかったが、その次にいい代案として勇敢なオスカーがETとの遭遇のABCをみんなのために示してくれているのだ。そのおかげで、オスカーが遭遇したパラノイア《被害妄想》を経験せずに済むのだ。もし幾らかの純粋な動物的パニックがあったとしても、それを知っていれば、より簡単にそれをポジティブなエネルギーに変えることができるのだ。

オスカーは船内の様子を二十世紀のエンジニアの目で見、かなり詳しくこの薄い本に記している。そうやってしっかりと観察しているうち、突然疲れたのを彼は覚えている。おそらく神経の緊張のためか、何か別のもののせいか……。

その時点で、天井が強烈なオレンジ色の光の明滅を始め、中央部分のシャフトが稼動しているようだった。またしても彼はパニックに陥った。彼はドアを作動させ、ランプを空き地の端まで出した。後ろを振り向くと、ドアが閉まり、円盤がかすかなヒューンという音をたてて離陸したのが見えた。それは二回点滅して、大きな弧を描いて上昇していった。オスカーは想像し得る、ありとあらゆる情緒のままに残され、興奮のうちにもひどく疲れ、げんなりしていた。

オスカーの話には、すごい冒険が次から次へと出てくる。彼は二回、円盤に乗って忘れ難い飛行を経験しているのだ。船体には知性が内蔵されており、他の何にもまして有機体構造であることが分かった。自分の思考プロセスでその動きを制御できるのだ。もっともほとんどの出来事は、UFOの知性とのテレパシー交信の結果として起こるようだが。

円盤は彼を乗せて世界中を回った。円盤がいかにも停まりそうな中東、ヒマラヤにも停まった。三千メートル上空からトロントを見せられ、のぞき穴のイメージをどんな倍数の拡大率にでもズームできることが分かった。

円盤は彼のために操作され、あの有名な不可能に近い急旋回などもした。オスカーは中にいて別に何とも感じなかった。中央のメカはナビゲーションの頭脳だと思うようになったのだが、口に出しもしないのにニューヨークを見たいという望みどおりに、彼は十分後にはその上空六千メートルのところにいた。次に考えが頭に浮かんだ。ピラミッド。それに続く多くのやりと りと同様に、彼は、自分が考えを出したのか、それとも彼の中でひとりでに出てきたのかわからなかった。そして聖地へ、そしてシリアへ。そこでは砂漠に着陸もした。

ここでは別の驚きが彼を待っていた。彼が焼けるような砂の上に出ると、一キロ半ほど先の砂雲の中から数列に並んだ戦車が現れ、一陣の風のように彼や円盤目がけてやってきた。彼は砲弾が前方九メートルほどのところで空中で炸裂したのを見て驚いた。明らかに船体自体が、考案された何らかのフォースの場にあるようだ。彼はすぐに船体に戻り、約三百メートルほど縦に上昇した。拡大のぞき穴から眺めてみて、驚いたのを覚えている。戦車の開いたハッチから、油まみれになった顔がいくつか、まるで信じ難いといったふうに彼を見ていたのだ。次に円盤は、三機の迎撃機からの誘導弾ミサイルから一斉射撃を受けた。ミサイルは砲弾のようにすぐさま、そして効果的に消えた。

円盤は彼にその防御システムを見せたくて、意図的に地上の戦闘機に攻撃をしたのだと彼は推測した。それはまた偶然にも、僕らのグローバルなパラノイア《被害妄想》の状況が残念だというコメントを暗に含めたようでもあった。

さて、それは一九七五年のことであり、異星人に対する世界のフィーリングを変えた映画、「E・T」が出るずっと以前のことだ。

オスカーはそれから、彼の最後の、最も重要な別の惑星への旅の前に、一連のイニシエーション（入門の儀式）としかいいようのないものを経験した。それは実に不可思議な話であり、現代の神話としてでも十分薦められるものだ。二十世紀の英雄の探求談――。

オスカーの体験は、今後多くの人々に語り継がれていくであろうことは疑いもない。それぞれが少しずつ個性を持って。

彼は人々が将来、彼が経験したようなつらさやためらいなしにこうした究極の冒険に出られるようにと、この話を語るのだ。彼の本には彼の遭遇の前と後の写真が載っているのだが、その笑顔には著しい違いがある。もちろん同一人物なのだが、UFOの出来事の後は、かつての恐怖からくる硬さがとれて、きっぱりとした柔和さが滲み出るようになっている。

オスカーと過ごした二晩は、いろいろな冒険が織り込まれた複雑で豊かな織物のようだった。

彼は、七十年代中ば以来のサイキアンズらとの数回の遭遇について語ってくれた。彼らは「木星の影響」（訳注：この時、多くの惑星が一列に合（角度）をなし、一大事が起こるのではないかと言われた）が地球にもたらし得たかもしれない磁石とエーテル精神界のストレスに全面的に深く関わってきた。サイキアンズらは部分的にこの実相に浸透しているパラレル（並行）次元から来るため、地球の大変動は彼らにとっても大きな懸念事項なのだ。一九八二年三月には彼らは、〝自分たちの宇宙船すべてを持ち込んで〟木星の影響のいくらかを吸収し、解放してくれたという。オスカーの情報提供者によれば、地球はそれによってグローバルな大惨事から免れたらしい。

この主張はかなり強引で、僕の信念体系でもいくらか無理はあるのだが、領空飛行というのは理性的にも可能だと思える。ＵＦＯ遭遇現象に関する大半の権威ある著書は、ＵＦＯがよく磁気ラインの流れに沿って目撃されると言っている。彼らは概して、僕らの現在の科学的理解を超えた地球物理学的現象に関心を持っているようだ。

確かに予測された木星の影響の大変動は起こらなかった。僕らにとっては幸いなことに、この大異変は外れたのだ！

サイキアンズへのメッセージ

オスカーと知り合い、彼の旅の話も終わりに近づいた頃、メッセージをサイキアンズに伝えてもらえないだろうかという強い感情が僕の中に湧いた。そういう時のためにか、モントリオールの彼の電話番号を渡されていたのだ。

これと並行して、僕がルシファーのアイデンティティとごく接近する体験をしたことは前述した通りだが、サイキアンズはまだその反逆への解決法については聞いていないかもしれない。オスカーの彼らの描写からは、彼らは僕らよりそれほど進化しているようには思えなかった。おそらく二千年くらいだろう。また直感的に、彼らも僕らと同じ居住体系内におさまったのだと感じた。諸惑星の管理系統を次元的に容易なアクセス、および空間的近さにまとめるのは納得がいくというものだ。

おそらくサイキアンズらもまた反逆の時に宇宙の本部から分離した惑星から来ているのかもしれない。三十七の惑星がルシファーを支持したと聞かされている。理性的推論によれば、中には僕らよりももっと進化しているものがあるに違いない。

でも僕らの小さな慎みある惑星には利点がいくつかあるのだ！　結局ここは、局部宇宙の創造主、キリスト・ミカエルによって選ばれた世界であるということだ。彼の最後である七番目の化身《けしん》の場所として。この高尚なる理由だけでも、この惑星は僕らのＥＴの兄弟たちにとって最も特別な場所なのだろう。

僕らを訪れている〝種〟の多くが、自らの霊的遺産を知らずにいるのかもしれないという考えも浮かんだ。また今後、さらに二千年続いたとしても、ウランティアブックの啓示にある非常に貴重な情報がなければ、僕らが知っている以上のことは知り得まい。そこに含まれている知識は、この惑星にとっての特別な贈り物であることは間違いない。なぜならミカエルと霊的なヒエラルキーは、他の多くの世界でも必須とされている、致命的に重要な宇宙の情報を僕らに得て欲しいと願っているからだ。

よって僕がサイキアンズに向けて書いたメッセージは単に、「反逆は終わった。心底より交渉に応じる準備ができている」というものだった。そして僕は〝L〟、小さな蛇がアングルのところから上に登っている文字でサインをした。

僕はそのメッセージがどういう意味かは本当には分からなかった。「心底より交渉する」とは？　それは直感的に出てきたもので、その時が来たらどういう交渉になるかが分かるのだろう。でも今このメッセージの意味はわからずとも、これを見たサイキアンズが首をかしげることを希望する。少なくともそうして僕にコンタクトをとって欲しいものだ。しかし今のところ、その気配はないのだが。

彼らはまだそのメッセージが解せないでいるのかもしれない。僕が気がふれているか、救い難い自惚れだと思っているのかもしれない。あるいはただ彼らの時間内にとどまっているだけなのかもしれない……。

第10章
芸術とスピリチュアルな価値のルネサンス

天使の心への洞察

カナダで最後に天使たちとの会話を交わした時は、僕ら三人と、異次元間の会話の取次者であり、霊媒師であるエドワードがいた。

こうしたコンタクトはいつもスムーズで、僕らは一貫して霊的な至福感に包まれていたと言いたいところだが、実際はそうではなかった。しかし僕らみんなが大いに影響を受けたのは間違いない。そんな時にオスカーが僕らの人生に現れたことは、すでに高まっている雰囲気をいっそうあおることになった。

これまで天使に言われてきたことは全て、僕らを元気づけ、確認してくれるようなことばかりだった。それらを受け入れることによって何一つ苦しくなるようなことはなかったし、僕らの基本的な価値体系と正反対のこともしなくてはならないというようなことはなかった。それは素晴らしい冒険だったし、実際そうあるべきなのだ。

でも人間という動物は、心底うたぐり深くできているようである。これは本当なのか？　真実か嘘か？　僕らの存在の最も深い部分で、また騙されるのではないかという恐れがあるのだ。はっきりと確実になるまで決して安心できないのだ。科学的に証明されないと……。

明らかに、ある事がらは制限内で証明できるが、それらはより大きな存在領域と関わっていることが多い。イルカ、ＥＴとのテレパシーの出会い、そして新たに天使界とのコミュニケーションは、この範疇に入るものではない。僕らはコンタクトそのものの内的一貫性、真実に耳を傾け、この惑星のもろもろの事がらを自分で見極めなくてはならないのだ。こうした出会いでは、証拠を求める強迫観念が、コンタクトに必要な落ち着きを追い払ってしまう。またこれは、こうしたことが決して実験室では起こりえない理由でもある。

明らかな偶然によって集まったカナダでの小グループと一緒に、僕は何か非日常的なことが実際に起こっていることにゆっくりと気づいていった。僕たちに、今ここでだ！

天使たちが言っていることの四分の一でもその通りなら、僕らはみな、今かなり信じ難い時代に向かっているのだ！　天使らが「意識のユニット」と呼ぶものへ僕らが近づくにつれ、まだ疑っている人たちの情緒的引力に引っ張られ、増大しつつある精神的なつながりは、ある部分、極めて困難な状況になってきている。疑う者らの心配や恐れが相互の共有意識の中に滲み出してきて、他の、希望や解放を確信している者たちとの対照を成し、神経と忍耐の大いなる試練となっているからだ。僕らは表現する生き物だから、こうしたストレスは普通、悪気もなく大声を張り上げたり、反対を唱えたりすることで放出される。そうやって〝全て吐き出す〟のはいいのだが、しかしそれは天使との出会いにとってふさわしいかどうかは分からない。

時の経過によって環境が落ち着き、やっと再び天使たちに出会えた時、彼らが次の問題に触れても特に驚きはしなかった。

「我らは今、あなたがたと共にいます。では始めましょう」

「私はタランティアです。あなた方が混乱の域を通り抜け、我らとの会話を可能にしてくれる物理的行動を起こしてくれたことを喜んでいます。今晩の最初の目的は、あなた方の上昇を助け、現在あなた方に見られる混乱の雲を吹き払うことにあります。その手順はあなた方や我らにとって面白いものでしょう。今晩お話したいのはこうしたテーマについてです。

ここに集まった全ての方々は、こうしたコンタクトに勇気づけられていますが、心配な事がらを障害として作り出す人間的傾向があります。この心配の波動がコミュニケーションの邪魔になり、そうした流れの交換は混乱を引き起こします。我らのチャネル（エドワード）がクリアでない時には、コミュニケーションを断ります。我らの目的は優れたコミュニケーションなのです。あなた方の役目は憂慮の波動を意識的に超えて、よりクリアに集中できるようにすることです。そうすればみんながチャネルとなり、みんながメッセージを受け取ることができるのです。

今晩、らせんの道に足を踏み出しましょう。そうするとはっきりと、この大切な通信が与えられるでしょう。

さて今、我らと共にリラクゼーションに入っていきましょう。そうすることが、このチャネルを通して、我らの努力を助けるのです」

違う領域との霊的な連絡――タランティアや天使たち

目に見えるように雰囲気が変わった。新たな静けさがやってくると、タランティアが続けた。

「あなたは霊のビジョンの土砂降り、輝く霧、多彩な色が見えるかもしれませんが、それはあなたの霊的存在への霊的栄養であり、心の流れに活気を与えるものです。あなたには確かに肉体がありますが、また霊的な存在でもあるのです。それを、我らはあなた方とのコミュニケーションにおいて育てていきたいのです。つまり生来、あなたの内側にあるものから出てくるものの教育と申しましょうか。スピリチュアルであることには聖なるエネルギーがあります。それは、我らがみな霊的本質において一つであるというコミュニケーションの性質です」

「あなたの上昇を助けるのに、感謝に焦点をあてるようにしてください。我らがこうして親交できることを感謝しています。我ら天使界の者は、死する運命にある兄弟たちとのこの体験を、胸躍らせて喜んでおります。これは新しいビジョンを刺激してくれます。あなた方の胸の内には父がおり、父を見出すのは大いなる喜びなのです。この霊的な共生を多くの人たちが理解するようになるのは喜ばしいことです。こういう言い方ができるなら、共に、より素晴らしい神意へと進んで行ければと思うのです。ですからそうした祈願がどこであれ、いつであれなされたならば、我らは喜んでスピリットに導かれる人間の心を訪れるつもりなのです」

しばし間があった。ずっとこれまで僕らが経験してきた情緒的葛藤は、果たして将来は避けられるものかどうか、僕は興味を持った。そしてタランティアに聞いてみた。

「天使とのコンタクトが開かれるということを全く体験したことがない人たちにはどのように助言したらよいでしょうか？」

彼女は答えた。

「我らのコンタクトそのものの可能性を培う、または遮る信念体系というものがあります。この、コンタクトを求める意識的な決断をすることが第一のステップです。すると、そうしたこともあり得るのだという信念体系になっていくでしょう。さらなるステップは、そうしたことは愛であること、与えること、また法にかなったことであること、そして全ての人間に開かれた天国のやり方であるということを理解することです。

形態、考え、観念への主張は、人間の頭の中で、正しいか、または誤っているかに焦点を当てる傾向があります。こうしてはいかがでしょうか。つまり我らは相対宇宙に生きており—こういう言い方がユーモラスだと思っているみたいで嬉しいです――、間違っていることでなく、正しいことを選ぶのは絶対宇宙でのことです。これは人間の言う、〝本末転倒〟（馬の前に荷車を置く）ことです。まず最初に馬を見て、それがいい馬かどうか、前に進むというこちらの考えに協力してくれるかどうかを見るのです。それに知性があり、愛を理解できるかどうか見るのです。馬は動物の意識《マインド》ですから。

この日、我らの中に軽快な笑いをもたらしましょう。恐れる必要がなく、自分がとる行動の結果を心配する必要がないというのは大いなる解放です。ここに集い、そして天の道は完全なる安全の道であり、聖霊の愛はあなたが理解できる、あるいは与え得る以上のものを要求することは決してないという聖なる約束に委ねてください。こうした能力を拡大することも大切ですが、しかし、ご安心なさい。我らは決して能力以上のものを要求はしないのです。高く聖なる目的を果たすために地から起こされた、そうした繊細な仕組みを追い払ってしまうのは、我らの望むところでも、命令できることでもありません。

我らはここであなた方と共にリラックスし、愛に溢れた生き物の仲間に入りましょう。我ら天使も生き物です。我らの存在と人格は確固たる事実であり、頭においてのみ論争され得るものです。でも親愛なる友人たちよ、あなた方は頭でなく、心で分かる方たちです。この光においてのみ、我らはあなた方と親交できるのです。ということはこれは、あなた方が精神的な存在であることを証明するものです。でなかったらこうしたことはできないはずですが、しかし現に今それをしているのですから。

あなた方に考えていただきたいので、質問をしたいと思います。あなたがこれまでしてきたことに鑑みて、ここからどの方向に向かいたいですか？」

この質問がごく直接的であることに、僕らは少し面食らった。みんなを代表して僕がタランティアに答えられるようになるには長い間があった。

「僕らの仕事の主な趣旨は……」

僕は途切れ途切れに答えた。

「天使界とできるだけ緊密に、かつ親しい距離にあることで、この非凡なる愛と希望と他の次元とのコミュニケーションのメッセージを広め、他の人たちもそれぞれの守護天使と、あるいは天使の守護の源とつながれるようにし、それによって、みなが至高の存在のこの世における働きをもっと広く、大きく感謝できるようになると思えます」

天使はすぐに答えた。

「〝素晴らしい愛と希望〟によって生み出された調和を、我らは喜んでいます。我らもそれをあなた方と共に感じています。しかし我らの見方からすれば、〝素晴らしい愛と希望〟の調和の精神は、ある日我らがこの惑星とその住人たちを上昇させるのにより大きな働きをするように指令されるだろうという、我らの長い間の希望から創られたのです。また、惑星の長い歴史における明らかな混乱の渦が、こうした状況を可能にしたことを理解してください。世界の人間がこれらによって、内なるビジョンと内なる現実の次元とのつながりというのは見える、ということを理解するようになるためです。これが完全なる創造性というものです。

もう一つ質問をしましょう。あなたの仕事において、精神的な真正性をなぜ気にかけるのですか？　つまり、あなたの内にある聖なる心で感じ、希望と信じる心の目で見えるのに、ブラインド（盲目の人）はなぜ与えられた贈り物を否認するのですか？」

これはタランティアによって丁寧に言葉に出されたのだが、僕らは〝ブラインド〟というのが、先週陥っていた僕ら自身の状況であることを、よく知っていた。パートナーの答えが、それを暗黙に表現していた。

「その失敗は、一つには状況のせいと、また私たちがそれに陥り易いこと、もう一つは私たちが他の人間たちと連携を保っていたいからのように思います」

「ありがとうございます」とタランティアは彼女に言った。だが天使たちは本当に困惑しているようだった。

「あなた方は今、我らの視点からこのことが見えることでしょう。人間が自分の手段を超えて上がろうとする時、我らが今あなた方にしているような奉仕を兄弟たちにするようになるでしょう。ステップとして、媒介として。我らの母なる精神の実態を描く場合は、あなた方に提供されているものをまだ経験していない死すべき人間たちには、優しく、愛ある行動で、兄弟一人一人の中にある全体性を確認してあげながら行うことです。あなた方の躊躇がよりはっきりと見えますし、それは警戒と同じものであると理解もしております」

僕はこの前の天使とのセッションでも気づいたのだが、僕らが何か心配になったり、何か気に障ったりすることがあると、天使は必ずその同じ問題を取り上げ、それを翻してもっと高い所から見るのだ。それは素晴らしい特質であって、彼らは僕ら死すべき者たちに不足感の名残りが少しでもあれば、それを解放してくれようとするのだ。

タランティアは思慮深く締めくくった。

「第七チャクラを通じて機能する知恵の側面にも注意の必要が見てとれます。これらは母なるスピリットの表現の正当なるチャネルですが、あなた方の心配を取り払う手伝いをさせてください。気乗りしないところはそれを注意に変換し、そして知恵を求めるのです」

その時点で僕は、天使たちには、僕ら人間が対処しなくてはならない細かい短所や弱点、情緒的プレッシャーというものを全く解しないか、あるいは見えもしないことが分かった。こうした疑いや恐れは、おそらく彼らの〝思考スクリーン〟には映りもしないのかもしれない。こうした心的なレベルのことは僕らが自分で対処しなくてはならないのかどうか、あるいはこれからは単に天使に取り払ってくれるようにお願いすればいいのだろうかと思った。タランティアはその質問を言葉にせずとも、答えてくれた。

「自分に何か心配があれば、我らから見ればそれは幻想なのですが、我らは、求める過程において開いていくチャネルを通じて、求める者の心に入るでしょう。こうしたチャネルを歓喜に満ちた繊細かつ柔和で調和のとれたものに浄化するために。知恵を求める内には喜びがあることを確認するために。さらに、我らの存在は、物質次元のこうした幻想を、人の形についた塵としてそれを払えることを示すためにあるのです。

これには何らの力づくも貶めもありません。何らの儀式的禊《みそぎ》といったものも不要です。ただ優しい愛する友がその友へ、〝これはあなたが背負う必要はないのですよ〟と言って触れるだけなのです。人間の表面についた埃として払い落とせるのです。それは、今現実に現れつつある霊的事態《リアリティ》にとって少しも重要性がなく、こうして解放できるのだということなのです」

部屋の雰囲気は新たなギアが入ったようだった。僕の埃を、大きいけれども優しい見えざる手がフワリと浄めると、空気がキラキラ光るようにきれいになるみたいなものだと想像してみた。僕らは彼らの親密な気遣いに惹かれていた。

タランティアは続けた。

「今起こっている意識のシフトは、恐れから離れるためのものです。恐ろしい性格の〝神〟といった幻想がまだ多くあります。世界はこれに絡めとられています。それらは人間が創ったものであり、いまだにそれに価値をおいているのです。しかし、こうしたイメージに求められたものは真実ではなく、美しいビジョンでもないことが分かるようになると、人々はこうした観念から離れることができるでしょう。

形態のことですが、大声をたてて形成するのは精神の技ではありません。それは人間の頭のものです。人間の頭の選択肢は、これらを手放すか、続けるかであり、ここでは我らは選択できません。人間が選択したものに従い、あるいは支持することしかできないのです。

永遠の愛と新たな希望というメッセージの本質において、人間は新たなものを求める大いなる願望に気づくでしょう。そしてそれぞれが独自に器を浄化し、環境を美化することを求めるようになると、人間界では混乱が見られることでしょう。これもまた全て、自分を受けるに値するものにしようという幻想に過ぎないのです。

これが幻想であることを強調します。あなたは今のままで十分に受けるに値するのです。しかし〝準備をしなくては〟というエネルギーがあります。こうしたあたふたした行為は、自分自身を受け入れるように心を準備することに価値があるのです。幸運にも、物質界が準備ができたと思われる時、心も然りなのです。

深遠なる平和の泉に浸りなさい。全てに与えられた豊かさを楽しみなさい。豊潤なる流れに合わせなさい。そこに存在の喜びがあります。十分にあることを知りなさい。誰にも十分にあるのです。あなた方の限られた言葉では、神の愛の無限さは語ることができないのです。それが現実なのです」

デュランディオールが語る〝名前〟

ここでエドワードは休憩を取ることにした。

その間、部屋の雰囲気は柔らかな会話になっていた。僕らはみなリラックスして友情を楽しんでいた。僕は、出会いで明らかにされた浸透する知恵に重点を置いていた。僕らはこうした知性の存在たちの性質を理解し始めていた。僕らがコミュニケーションや天使に現実さと信憑性を与えれば与えるほどに、スピリットの感情はますます顕著になっていった。疑いや心配は消え──セッションの前半がこれを解決してくれた──、僕らはみな朗らかに和んでいた。そんな時に、この先何が起こるのかは、全く見当もつかなかった。

僕らは天使らについている名前のことを話し合っていた。なぜ、そしてそれらには特定の意味があるのかどうかと。エドワードは前に、天使はいわゆる署名、つまり〝思考のスクリーン〟に名前を溶かしてグリフ（刻印）にしたものを使うのだと言っていた。天使はそうやって自己紹介するのだ。通信に戻ると、デュランディオールが説明してくれた。

「名前というのは別個のエネルギー形態の定義であり、一人から一人への直接のコミュニケーションを可能にする個人の精神の一側面です。

さて、便宜上、我らはこの世界の言葉の音素で名前を選んでいます。それは我らのある側面を反映するようなもので、それで我らをよりよく分かってもらえるようにするのです。

我らは精神の存在です。あなた方が理解するような個人としての存在というのではなく、しかしそうでもあるのです。我らの精神の側面の存在は、ああ、残念ながら今、この時にあなた方とまだ完全には分かち合うことはできませんが、あなたが喜びのうちに成長する中で、我らみんなを待っている栄光がある、それだけは確かであり、信じていただきたいのです。

さて、それぞれの名前のリアリティ内容、つまり署名ですが、それはそれがあなたに情報を伝える限りにおいてのみ価値があります。でもあなた方は我らを他の振動で呼ぶことができます。名前や個々の精神、別個の人格は、親交が起こるのに必要ではないのです。それは次元間リアリティの外宇宙に投射する、外在化の現象です」

僕らは彼女にデュランディオールの名前の意味を尋ねた。

「私の本質には黄金の光があります」と彼女はすらすらと答えた。

「よってディオールで終わるのです。私のエネルギーは、知識を求め、発見することに嬉々とすることがあります。それが私の大きな愛のエリアです。私は私の〝神意〟に向かって〝走って〟いるのであり、すると私はデュランディオールになるのです」

天使の話はそこで終わり、彼女の言い方に僕らが笑っているところで去っていった。

僕らはタランティアについても考えていると、まもなく別の、ソフトでもっと沈着な声がエドワードを通して出てきた。

「私、タランティアが前に出て、説明しましょう。進歩を培うことは、才能を引き出すことです。そうすれば私はそれをするであろう者になるのです」

彼女は忠実な羊飼いの逸話に僕らの関心を引き、前にもそうしたように、世話役の意識の中の限りない可能性を強調した。

ビーティ、カーヤリエル、ペトロウス

次はビーティだった。次をすぐにあてたからといって、景品が出たわけではないが。

「ビーティ？」

彼女は嬉しそうだった。

「そうです。啓発が喜びに輝いたビジョンであることがもうお分かりでしょう。これを育てるのに、私は美を体現しますので、ビーティなのです」

彼女の後は、カーヤリエルだった。彼女は自分を未来へ進む乗り物に例えた。

「我らの喜びに満ちたエネルギーと溢れんばかりの豊かさにおいて、私にはカーヤリエルという名前が選ばれます」

彼女のトーンが変わって、もっと事務的になった。彼女は、僕らが理解する天使のグループが全部で十二あると言った。僕らは驚いた。惑星全部をたくさんの天使が特定の十二の担当部門に分かれていることが分かったのだ。この非凡な集まりで、それぞれのメンバーが前に進み出ることに興味を示しているのだ。誰を選ぶかは僕ら次第だとカーヤリエルは言ったが、それはまず無理なことだ。僕らはどの天使もみんな大好きだし、いったい誰から始めたらいいのかすらも見当がつかないから。

デュランディオールが助っ人に入り、教会の天使、ペトロウスを紹介してくれた。このグル

ープは長いこと惑星にいて、多くの伝統的精神的な活動の主たるスポンサーであるという。

「ここ二千年を振り返ってみてください」とペトロウスは促した。

「そして我らと同じように驚きをもって、この世界にもたらされた変化の性質を見てください」

彼女は教会による脱線と実に長い逸脱に盲目ではなかった。僕ら人間に見られる、一つの教会に全権を託そうとするところに混乱の責任を置いた。彼女は全体的計画の中でそうする必要があったことも口早につけ加えた。また秩序をもたらすことは有用で必要だとも。

これは伝統的な教会のやりすぎを頻繁にののしっていた僕にとっては、ピンとくるテーマだった。彼女が提案したのは、もっと愛に満ちた、優しいアプローチだった。彼女は言った。

「死する運命にある人間兄弟たちよ、今日あなた方は生きていて、あなた方の歴史を振り返り、あなた方のいる道を築いた者たちを祝福するでしょう。彼らの過ちを非難するのでなく、彼らがもたらした真実において喜びなさい。

非難は後に残し、あなたに明かされるであろう驚異をご覧なさい。古い形の世界を後にし、過去、現在、未来を愛と祝福のうちに見ることで、あなたは我らのやり方、天国のやり方を見出すでしょう。

善いものはつねにあります。善いものはあなたが精神の焦点を当てるところにあります。真、善、美。これらはあなたにとって神秘なるものではなく、〝真実〟です。あなたはそれを真に知ることでしょう」

僕らはみな、天使が言ったことの安楽さと真実さに感動した。宗教裁判の恐怖や、巨大な商売としての宗教の偽善についてわめきたてても、そこからどんな良いことが生まれようか？それは過去をこれっぽっちも変えはしないし、既存の宗教が僕らの世代に土台を失いつつあるのは疑いようがない。

天使の心の性質への洞察が、ふとしたことから明らかになった。教会と大聖堂の建築時代に関する長いモノローグに引き寄せられて、ペトロウスが来たのだった。こうした献身の行為は、スピリットがそこで大きく活躍したことを示すものだと、彼女は見ていた。天使として、今こうした建物の中で起こっていることに混乱していることを述べて終えた。優しさと無垢さをもって、彼女は言った。

「我らはこのことがどういうことなのか計りかねております。〝人間はどうしてそれを選ぶのか？〟と。これについては、我らのマザーは〝平和のうちにありなさい、子どもたちよ、あなた方の幼い兄弟姉妹たちが学んでいるのですから〟と言います。そしてマザーは我らが幼かった頃、豊かな楽しさでいろいろなことを見、しかしほとんど理解できなかった頃に連れ戻してくれるのです」

先のセッションで、僕は天使が同じような知恵を持って僕らのせっかちさを押えてくれたのを思い出した。彼らは全く罰を与えずにいつも勇気づけ、いつも人や出来事の中の素晴らしいことを見ているのだ。全く僕らの欠点を知らないわけではないとは思うが、僕らの心配を取り除くことで、必ずや聖なる大義を見ることへと僕らを導いてくれる。その根底にある計画を見ながらだ。

エルヤン――家庭熾《し》天使

エルヤンが次に出て挨拶した。家庭熾《し》天使（訳注：九天使中最高位）の一人で、どうやらこの世界で機能する最初のユニットの一つの代表のようだ。彼女は、家庭とは家ではないことを思い起こさせてくれた。

「家庭とは環境、雰囲気です。エネルギーの形態と集合的愛であり、聖なる者は、大いなる引きつける力の源泉として、これに頼っております」

彼女は、時間の移ろい易い性質が、援助と聖域を提供する場所としての家庭の重要性が減っていることに反映されていると言った。

「中心であり、平安の地です。そこから出て行っても、必ず戻ってくるという約束の場所です。永遠の実相の描写の中に、父の知恵を御覧なさい。あなたは家を出たのに、時の終わりの前にそこへ戻るのです」

家庭を作る者は世界を安定させる者であり、僕らの生命の霊的中心という文脈において、教会を離れて心と家庭に戻ることを彼女は話してくれた。これから起こる大きな変化において、僕は家庭の価値を新たな目で見直すことができるようになっていた。

エルヤンは詳しく説明してくれた。

「家庭とは暗闇の世にあって、輝く光の点だと思ってください。光は出て行き、他の家庭の光と互いに結び合います。こうして光のネットワークが強まり……。霊性のシンプルさが明らかになるでしょう」

天使たちは父の意志を見たと、彼女は言った。そして全ての家庭が慈悲深く住まわれるべきであるとも。この惑星の騒然たる歴史の騒動や動揺を通じて、家庭の重要さをずっと保持してきた女性たちの偉大な強さを賞賛した。

彼女は、まだ僕らにはよく分かっていない他の生命形態—小妖精や自然の霊—を暗示することで、話を終えた。

「この機会に感謝します。また喜んで参りたいと思います。最後に、我らの十二のグループには入らない他のソースからやってくる他の知性体らとも仕事をすることをつけ加えたいと思います。つまり庭園を育んでいる我らの従弟たちのことを言っているのです。家庭と庭園はみな神のビジョンであり、子どもたちへの神の意思なのです」

そこで、次は健康の天使の番だった。シンプルなメッセージだった。健康へのカギは幸福であること。彼女は全体性への新たな動きについて語り、それは「今日を昔の知恵で見、人間の体にはまた癒される必要がある霊的存在があるのです」と言った。

彼女の霊的健康の定義は、僕には極めてよく納得できた。なぜなら彼女が述べた過ちに、僕は時にすっかりはまっているからだ。〝隣の家の芝生は自分の家のよりも青い〟現象は誤りであり、これは人間だけのことのようだ。

「霊的健康とは、存在が自らを発見する次元の仕事を、喜びをもってすることです」と彼女は言った。健康の天使はそして、それをあらわすビジュアルなたとえをくれた。〝存在〟がビーチにいて、全て良く見える約束の地へ飛び立つのに、羽の生えた生き物に変換するのを待っているイメージ。

「はるか彼方で物事がもっとよくなるということはありえないのです」と彼女は言い切った。

「それは過りです。〝存在〟は、自らを愛なる親である神の平和のうちに見る時に全なるもの、聖なるものであります。幸福、健康、喜び、そして決然たる行動が、そこから出るのです」

デュランディオールは僕らの安寧に非常に注意を払うので、いつものように優美に話をしてくれた中にも、緊張の気配があるのをすぐに気づいたに違いない。

「ここの集合的エネルギーは過度の状態になっています」と彼女は言い、そこに集まっていると聞かされていた天使のうち、あと二人だけ選んだ方がいいと提案した。

教育の天使メントリア

誰か教育の天使はいますかと、僕らは聞いた。短い沈黙。

「メントリアとお呼びください」という声。

「我らの新たな指令は、家庭の熾《し》天使と進歩の天使と一緒に働くことです」と彼女は言った。

彼らは、教育とは〝教えるエリート〟によってでなく、親によってなされるものと考えているようだ。

「子育てでは、親が価値観を決め、何を育みたいかを決めるのです。あなた方の心の中に、新たな文化がいかに急速に出現するかを見るでしょう」と言った。

彼女はもうすぐ一般化するであろう、知識を分散化する新たな技術のことを指摘した。僕らの理解する学校の先生という仕事が〝適宜の組織的雇用でなくなる〟時代のことを言った。先生らは〝他との共生において協力し合いながら仕事をし、それがエネルギーの交換において貨幣の流通を超える〟というのだ。真の先生が再び現れるようになり、〝情報を住居、聖域、コミュニティと交換することが起こる〟という。

驚きもしないが、彼女は今日の若者の霊的教育の重要さを強調した。天使は〝上のレベル〟から、〝こうした魂から素晴らしい者たちが現れる〟という知らせを受けているらしい。彼女は実に熱情を込めた訴えで通信を終えた。

「こうした若者の教育で最も大切な価値は、彼らが自然を求めることです。そこに聖なる知性が置いたパターンを見出し、永遠の実相や、繰り広げられる時空の性質を考えるのです。

そこで我らが出ていき、進歩、説明、洞察を与えるかもしれません。そうしてそのプロセスを速め、この世界では知られていない精神的な実態をもたらすでしょう。

これによってあらゆる形態の暴力が減り、共感による霊的、物質的、心の援助と分かち合いが増えるのです。そしてそうした新たな人々の中に、世界の人間の中に長い間保たれてきた全幅の可能性を見るでしょう」

そして、「喜びが我らの使命の本質です。喜びと計画の展開の満足が、です」と言って、彼女は終えた。

笑いの天使

もう一人の天使がいた。娯楽の天使にまさるものはいないと僕らは思った。それは実にインスピレーションに溢れたメッセージで、僕はそれを全部ここに記した。それは神の計画を深めていくにあたって、実際僕らみんなが何をしたらいいかのカギを含むものだった。天使は名前は名乗らなかったが、以下がそのセッションの全てだ。


「さあ、あなた方みんなの仕事であるアートの創造において、あなたの前にある存在の喜びを見出してください。あなたがこれを選んだのです。これは、こうした手段を通じて、贖いが最大限に知られるようになるという真実のためなのです。

他の天使の軍団や軍勢は、否応なしにも混乱にまみれたエリアで仕事をすることを強いられてきました。政治的策謀に関わるネーション・ライフの天使たちなどがこれです。教育の天使や健康の天使らもまた、重い靴を履かされています。でも我らにはもっと多くの自由と、創造的表現があります。

実のところ、こうしたパワーを持っていると錯覚している者たちが、時にこの自由な表現を困難にしています。というのも、彼らは自分のパワーの基盤への脅威を知ったからです。恐れから解放され、喜びに満ちた行動、歓喜によって……」

天使は明らかに何かを探しているようだった。

「我らが求める言葉がこの者のなかにはありません……。

要は、それは内なる聖なるものを表現する自由であり、それは大いに解放されており、大いに高められているものです。主は彼に心を分かち合う者を通して働くということが理解できるでしょう。

そうすれば愛なる我らの主が、彼の物質的贈与（チャネラーのこと）が拒否されたもののより良い表現を見出すでしょう。そこで主の喜びと愛のエネルギーが、あなた方の中によりいっそう現れていくでしょう。こういった世界全体に語りかけるそのパワーを、軽んじてはなりません。

これは、アートの長いこと望まれてきた霊的再生に他なりません。多くの人々が予期してきた新たなルネサンスです。それが、あなたが探してきたものであり、それをあなたは見出だしたのです。

新たな指令として、笑いを育てることに我らが加わっていることが分かるでしょう……」

すると驚くべきことが起こった。それは僕らの最も精妙なレベルのところでくすぐられているようだった。僕らはお腹をかかえてゲラゲラと笑い出し、もはや何ものもそれを止めることはできなかった。涙が頬を伝った。

「いかにして笑いが世界をひっくり返すかを、どうぞ見てください」

僕らはみな素晴らしいいたずらにはまったのだ。宇宙の最も深遠なところからの笑い。僕らはあまりに全てを深刻にとり過ぎてきたのだ……。

堅苦しく、心配気に始まったコンタクトは、このとてつもなく素敵な、ユーモアの分かち合いにおさまった。僕らは喜びに笑い転げ、天使の最後の言葉の部分がほとんど聞こえないほどだった。

こうしてごくオープンになった状態で、僕らみんなはセッションが終わって、天使も去ったと思ったその時に、最後の奇跡的なコンタクトがさりげなく、しかしはちきれんばかりにやって来た。

スーパーナフィム、シャンドロン

「私はシャンドロンです」という新しい声が、エドワードから出てきた。その深く響くような声は、僕らの周囲に波のようにたゆたっていた。

「私は、熾天使よりも進化した上の存在で、超宇宙に位置するスーパーナフィムです」

静かな畏敬の感じが部屋に下りてきた。この実体の存在は議論の余地がなかった。僕らはまるで宇宙の告示を受け取っているようだった。最も深奥なるところからの最新告示だ。

断固たるその声は続いた。

「この〝偉大な仕事〟の私の役目は、我らがこれから迎えんとしている新たな事がらへの案内であり、その側面を強調することです。

そう、あなた方の世界への実施項目の転換がありました。ある意味、それは宣告です。長く保たれてきたパターンからの解放、いやそれ以上のものです。それはあなたの心が知っていることでしょう」

もし僕にルシファーの反逆に関する決定について少しでも疑惑があったとしても、それはこの威厳ある声の中で急速に消え去っていった。

「今この世にもたらされている変化の性質と規模は、まさにそうしたものであり、我ら超宇宙の地位にある者たちは、この新たな秩序づけにおいて、我らの若い兄弟姉妹たちと共に機能すべく招かれております。

画期的転換の性質について語らねばなりません。その変化が徐々に加速してきているのがおわかりでしょう。前世紀に夜明けの光が何人かの心に差した時が少しありました。こうした心はイギリスという地からやってきたもので、アメリカという地に類似するものを見出しました。聖なる超越の哲学があり、それはより豊かなる人間の立場の実現への動きでありました。チャネルはその領域の精神作用に開いておりました。ここで私は、アメリカの超越哲学として知られるもののことを話しています。エマーソン、ソーロー、ウィットマンの世界観を理解してみてください。今あるより大きな啓示のために種蒔きされたものがそこにあります。

この上昇にあたり、多くの精神の霊的運動が生まれました。それらの多くは儀式を重んじ、古い形態にはまっていました。彼らは人間の精神に差しのべられたエネルギーを動かすという目的を果たしました。我らはこうした古い形態が大方消え去りつつあることを喜んでおります。

あなた方が（内在的に）持っておられる画期的啓示の性質に関してですが、歴史やこの世界と、宇宙の中の宇宙との関係を述べた本のことを言っているのではありません。そうではないのです。これはより大きな実現への一段階に過ぎないのですから。我らの目の前にある、至高なるものの光とその偉大な動きの中における新たな摂理は、宇宙の中心から流れ出で、多くの形体に、多くの精神を通って流れていき、永遠に明らかにされるでしょう。それが完全になった時、全ての者が時間の完結を理解することが必要となるでしょう。あなたの仕事、より高い世界への上昇に向かう動きにおいて、あなたに与えられているものは、永遠の真理への水晶の如き洞察であり、それは最も年若い、しかし感じる心と理解する精神を備えた者に与えられるのです。

古いものはもう去ったと理解してください。全てのものは新たになるのです。これはこの世への啓示の終わりではありません。至高の啓示たるもの、それはあなたの生命です。それは主の息子があなたを通じて動いていくものであり、それが宇宙の不思議なのです。

こうした事がらはいかなる単一の実体によっても、またいかなる既存のグループによっても収めきれるものではありません。それは全ての存在たちが、名誉ある父の不思議を崇めるようになるためです。父は、その知恵と慈悲によって、実に実にゆっくりと全てを造り、しかし一瞬にしてそれらをその大いなる存在に高めることができるのです。

ならばこの神を讃えなさい。我らはみなその子どもなのです。これが至高の存在の不思議であります。

我らは組織の新たなレベルをもたらすために働いています。これは柔和な移行、上昇でありましょう。その多くは今日の精神において存在していますが、しかしノート上のスケッチに過ぎません。こうしたスケッチは変化の全体のビジョンを深めることはできますが、その変化が現実になるのは、経験を生きることにおいてです。

ならば勉強はやめて、本を手離しなさい。全てのものをそれぞれの場に置きなさい。その中に、しかしあなたの内に、あなたの中心を見い出しなさい。生命があなたに与えてきたように生命を生きなさい。その中に誰もが見える不思議があるでしょう。我らはメッセージを運んでいきます。ビジョンを、栄光の不可思議の展開を、平和の場を運んでいきます。私が話している、宇宙の中の宇宙によって最も愛なる懸念を受けているのは、この惑星なのです。神の慈悲において全てが至福と調和の中に生きますように。

さあ、この贖《あがな》われた者たちのことを、この叙事詩でお話しましょう。偉大とは父の知恵と慈悲なり。何一つ見失うことのない父の愛ゆえに、何一つはぐれることなく、全てが無垢の衣をまとって立ち上がるでしょう。完全なる許しは単純なる生き物の心の中におかれ、そのビジョンによって動くのであり、あなたが見出すであろう高きもの、力強きものはその最も崇敬する父の啓示を見るでしょう。

そんなにも低き生き物がそんなにも愛することが、また永遠にそうであろうことが、全てが学ぶべきメッセージです。過ちを許しなさい。息子を見出しなさい。兄弟と一つになりなさい。

これで私のメッセージは終わりです。またいつかお話をいたしましょう」

おわりに

本書に記録された出来事の数々は一九八〇年代初めに起こったことだが、それらは今もなお明らかに進展し続けている。

僕はこれらを、地球の同胞市民たちの前に出すべきかどうか、長いこと迷っていた。また、どんな形で出したら最もよく理解してもらえるだろうかと考えた。誰でも分かるようにと思った。これらはごく個人的なものであり、現代の客観的検証の水準の前には一たまりもないものだ。しかし、こうして考えている間にも、その真実性を確認するようなことが続いていた。宇宙のより大きなマトリックス内で衝突し合っている諸要素の間で、確かに和解がなされてきている。それは、僕ら自身の変容と変換が起こるペースが加速するのに合わせて、生じているように思える。

僕らのこの小さい惑星は、宇宙の真珠とみなされており、それが核爆発によって終焉を迎えることは絶対に許されないことが、ますますはっきりしてきている。この星が破滅することを望む人間は誰もいないだろうから、それは宇宙を監督している者による強制行為でも、僕らの自由意思の削減でもない。それは僕らが長いこと待ち望み、熱心に祈ってきた援助の手なのだ。

大宇宙の別の次元と領域にこうした実体が在ることは、自由意思を持った生き物としての僕らの特権を奪うものではなく、過去二十万年の間、実に困難だと考えられてきた状況―これは概して僕らに非はないのだが―を修復する手伝いをしようとするものだ。ET、そして天使らは僕らの間にもいて、彼らに手をさしのべる者たちを助けている。時とともに、彼らの存在はますます明らかになってきているが、彼らは一貫して、より精妙な次元で変換の努力を続けている。

天使とは、姿の見える一人の存在から明白な援助があることを期待するものではなく、ライトワーカーのネットワークに沿って、集合的メシヤを求め、その努力と願望によって、今というこの時に、世界を貫く気を変容していくものなのだ。

このグループソウル、またはアニマ・ムンディは、諸々の惑星上全ての知覚ある知性システムが、互いに卓越した一体という形体をとって協働する実体のようなものだ。僕らはみな、各自がこのビジョンを維持するための一部分なのであり、僕らの相互依存の教訓は、この成長しつつある惑星の子ども、ホルス―僕ら一人一人の中で真に成長している、不死ならぬET、天使のような子ども―を支持し、それに各自が独自の貢献をしていくことにあるのだ。

僕ら一人一人がマスタープランとの共時現象を経験し始めるようになるのは、このつながりにおいてだ。僕らは自分自身の経験からこうした諸要因を発見し、それは参加する全ての者たちに利益をもたらし、次第に僕らの生命に最良の意図を伴う〝意義ある偶然〟をもたらすだろう。これがスピリットのリアリティから物質世界に現出される天国、ニュー・エルサレム、新しい時代なのだ。全ての主な惑星の信念体系に深く横たわる概念であり、分割化された世界の精神作用に癒しをもたらすであろう。

だが、本書を読んでおられる一人一人が、この反逆の和解という現実を魂に浸透させていくことが大切だ。僕らはみな、真実を感じる時にそれが分かるような内なる能力を持っている。あの少年が言ったように、全ての知性ある種が共通して持っているものは感情なのだ。

最後に、これを、一九八二年の春分の日に、カナダでエドワードが受け取った通信で閉じたいと思う。言葉は自動書記で流れ出てきたもので、僕にとってそれは、内なる偉大な存在の署名がいたるところに見られるものだ。出来事から大分あとまで、全てのジグソーパズルは組み立てられなかったのだが、僕とパートナーがバハマのあの小さな橋に立って、強烈な直感で受けたのと同じ夜に、何とエドワードも同じ通信メッセージを受け取っていたのだ。

「回路が開く！　回路が開く！」

日本語版刊行によせて

「ドルフィンとETと天使たち」が最初に出版されて以来、この二十年間の世界の変容ぶりは前代未聞の、そして全く予測のつかないものだった。ベルリンの壁が崩壊し、ソ連の共産主義が崩壊した。南アフリカのアパルトヘイトは終焉を迎え、アイルランドは永久平和を達成した。中国は産業国として興り、多くが政治的、社会的自由と、インターネットのようなグローバルなコミュニケーションを求めるようになった。こうした大規模な変化は、僕らの機能を根本的に進展させることとなった。

さまざまな地震、津波、ハリケーン、土砂崩れ、洪水、火山の爆発、そして地球の温暖化や、ひいては海面の上昇……といったことは、好むと好まざるとに関わらず、僕らをグローバルなコミュニティへとまとめ上げることになっている。自然災害や悲劇が国境を越えて襲うのをテレビなどで連日目にするようになると、〝彼ら〟は僕らであることに気づくようになる。これはまだ、〝偉大なる変換〟の初期段階なのだが、僕ら自身がまずは地球市民として、そしてまた宇宙市民としての存在であることを、急速に、そして否応なしに気づかせられるのだ。

こうした外部の出来事が僕らを近づけているのと同じく、国の世論調査やポップカルチャーなどからも垣間見られるように、自分たちは宇宙で一人ではないのだという気づきが増すようになっている。また、イルカやクジラが高い知性を持つということへの理解がますます広がっている。事実、クジラ目はこれまでにない頻度で、テレビや映画などに登場するようになっている。

北米、ヨーロッパでは、ここ十五年ほどの間に、天使への興味が大きく広がり、あらゆる天使もののテレビ番組が人気を得ている。直接の天使体験を持つ人たちは、今や馬鹿にされる心配もなく、自信を持って体験を分かち合っている。

天使の人気の例として、僕が共著者である〝ASK YOUR ANGELS〟は今、世界の十一の言語に翻訳され、七十五万部を売っている。アメリカ人の七十五%は天使を信じるという調査結果もあり、こんなことは数年前には考えられなかったことだ。

このほか、多くの科学者や専門家らが、地球外生命体、いわゆるＥＴを受け入れるようになっていることもある。近くの星々の周囲を周っている、地球に似たような惑星が近年になっていくつか発見され、かなり保守的な宇宙飛行士ですらも、宇宙には他の生命体がいるということに対してオープンになってきているようだ。

また関連分野では、世界中の政府が正式には認めたくはないにしても、かなりＥＴのことを承知していることが日々明らかになっている。アメリカ政府は六十年間の秘密主義の末に、少しずつＥＴ関係のことを表に出すようになっている。たとえばハリウッド映画、〝メン・イン・ブラック〟シリーズなどのフィクション映画で、宇宙の驚くべき複雑さを少しずつリークしているのだ。

ソ連の崩壊後、軍事機密事項の研究が明らかになり、ソ連中枢部もまた、ETのことをよく知っていたことが分かっている。西欧の専門家がKGBの書庫を検証すると、激突したUFOの映像が表れた。一九四〇年代後半に、ロズウェルでの驚くべきUFOの激突事件でアメリカ空軍が頭をかしげたのと同じく、彼らもまた大いに眉をひそめたに違いない。

人間とコンタクトをとろうとしているET種らは、個人的、かつ選択的にそうしてきていることが明らかになっている。あまり社会的、宗教的に人間界を騒がせることのないよう、十分な注意が払われているのであり、僕ら個人とゆっくり、神秘的につながろうとしているようだ。宇宙で僕らは一人ではなく、宇宙空間にはありとあらゆる生命体らがいて、僕らがこの惑星のことをきちんとすることができれば、多数の時空軸に展開する大宇宙へと、晴れて〝卒業〟できて、その多くの生命体らのことを真に知るようになるのだという事実に、僕らはゆっくりと慣れてきているようだ。

本書の後ろの方で天使たちが言ったことの多くが、実際その通りになってきている。人類はゆっくりと、時に嫌々ながらも変わってきているのであり、意識の大規模な変換を経験している。本書の啓示や天使とのコミュニケーションを信じるなら、惑星がやっと二十万三千年の暗闇の時代から抜け出るにあたって、より深い理解をもってこれに参画できるだろう。この世に大きく影響を与えた天使たちの反逆は、ほぼ七十五万年前のことで、地球と他の三十七の惑星を大宇宙から隔離してしまうことになった。それにやっと判決が下り、局地宇宙の片隅のこの地上の生命は、今正常に戻ろうとしているのだ。

端的に言えば、最悪の時は終わったのだ。今周囲に見られるのは、地球浄化の時期だ。人間の身体と同様、毒が表面に出てきて、かさぶたが皮膚からはがされるように、人間社会に長く癒着してきた多くの腐敗もまた、どんどん表面化し、浮上してきている。クジラの腹の中にいる僕らは、世界がバラバラになるのではと感じることもあるが、でも僕らはこういう時のためによく訓練されてきたのだ。僕らにはいつも、恐れをとるか、愛をとるかという選択肢がある。愛をとる時、僕らは高次のリアリティと共振でき、僕らを取り巻き、神秘的で不可思議な世界へといざなってくれる見えないが微かなささやきが聞こえるようになる。

日本への二回の旅で、僕はETとのコンタクトに熱烈な興味を持つ多くの人たちと出会えて幸いだった。こうした可能性を受け入れることは、僕らの、人間たることの意味への気づきを大きく広げてくれ、また僕らがこの惑星の安寧に、より大きな責任があることを教えてもくれるのだ。僕らが自身の好戦的で破壊的な傾向を克服するまでは、おそらく宇宙連合に両手を広げて迎え入れてもらえることはないだろう。地球は、とても古い宇宙の中の、とても新しい星なのだ。僕らは広大な実験としか呼べないようなものによって、自らの非にあらずとも、他の大宇宙から孤立し、隔離されてきたのだ。この長く暗い時代は今、終焉を迎えようとしている。

より精妙な次元において起こっている和解が、今僕らのところへも浸透してきているようだ。世界は変わっており、いったんこの浄化の時が終われば、素晴らしい未来が、この幸運な星の全ての人々に開かれるのだ！

ティモシー・ワイリー
ニューメキシコにて

訳者あとがき

本書が刊行されたのは二十年前に遡るのだが、内容は少しも古さを感じさせないどころか、よくよく読みこんでいくと、実は二百年後の地球人のために書かれたようなものであることが分かる（願わくばそれより早く、理解されんことを！）。著者は〝イルカ道〟を進むうちに、イルカを産婆役にした水中出産に魅了されていき、二十五人の出産に立ち会ったりもしている。著者は先見の明がある〝時代の反逆児〟ゆえに、人々に理解されないことも多かったようだ。

ルシファーの反逆と許しという永遠の、かつ微妙なテーマへの著者の洞察は、実に深く、この深い意味は現在の文明にどっぷり浸かっている人類にはピンとこないかもしれない。和解、そして慈悲のテーマにはずいぶんハッとさせられた。このくだりを訳している時、私は祈りの旅の中でルシファーを解放された沖縄の無名無冠の聖者、Sさんのことを思った。これは宇宙的大愛とその器の大きさがなければ気づくことも、出会うことも、まして背負い込むこともないであろうテーマなのだ。

ルシファーというと、悪い堕天使と決めつける私たちはいったい誰なのか？　ものごとは私たちがそう望みたいほど、白黒、善悪でいとも簡単に分けられるものではないのだ。宇宙本部は自己防衛のため、相当に厳しい対策をもってルシファーに立ち向かったようだ。ルシファーは大いに誤解されたのかもしれないのだ。ほんの少しの展開のズレから大きな誤解が生じ、それが取り返しのつかなくなることというのは、人生においても大いにあるし、それは容易に起こるのだ。ルシファー本人は、反逆の旗を振りかざした覚えは全くないのかもしれない。そして今、大いなる赦しと和解の時、自分の影を抱きとめると、共感と慈愛の感情が湧き上ってくる。このことを世に指摘してくれた著者に、心から感謝したい。

天使との〝交信〟には霊媒師の必要はないと、本書中のチャネラーであるエドワードを通じてコミュニケーションをとってきた多くの天使たちが言っている。それは誰もが自分で、自然にできるものらしい。

多次元的な絡まり合いの中で、天使というのはおそらく私たちと切り離せない運命を共にしており、おそらくは私たちの一部、未来の自己、フューチャーセルフなのではないか？！だから、目に見えない存在だからといって全てを盲目的に崇め奉ったり、自分のパワーを譲り渡してしまったりする必要は全くないのだ。彼らは絶対的神でも、グルでも、権威者でもない。天使は私たちの内に住まう聖なるものに語りかけるのであり、私たちが天使を必要としているよりも、もしかしたら彼らこそ、私たちに大いに頼っているのではないだろうか？

それに私たちには、天使にはない特性があるらしい。それは直感、そして創造の火花だ。ワクワク感、ウキウキ感が何よりも大切なのだ！　それに従って心のままに動いていれば、高次の自己を、また天使が導いてくれるから間違いはないということだ。恐れを抱く必要などどこにもないのだ。

著者のティモシーが六十年代から模索し、願ってきたそのエキサイティングな時がとうとう奔流となる時代がやってきた。あの時の〝変人〟が、実はビジョンを持った〝賢人〟であったことが明かされてきたのだ。本当の宇宙時代、宇宙への真の仲間入りの時代、長く願った〝帰郷〟の時がやってきた。嬉しいことに、今やっと時代が少しだけ追いついてきたのだ！

長いこと眠っていた本書を発掘し、時代が必要としている本だと確信して日本語版を出そうと決心された明窓出版の増本利博社長の英断に、心から拍手とお礼の言葉を贈ります。

鈴木美保子
アリゾナにて

推薦の辞

池田邦吉

ティモシー・ワイリーはオスカー・マゴッチとワンセットで私の目の前に現れた。髪は長く真っ白で、日焼けした皮膚と顔に刻まれた深い皺はまるでアメリカインディアンのシャーマンを髣髴とさせた。それは1997年4月中旬のことで、場所は成田であった。

故、関英男先生は当初、宇宙船のパイロットたるO・マゴッチを日本での講演に招こうとしていた。カナダに手紙を書き送ると、折り返しマゴッチからFAXで返事が届いた。それによるとT・ワイリーといっしょの来日ならOKという。数日、困った困ったと頭をかかえる博士の姿が今でも思い出される。

博士がハワイ大学に客員教授として招かれていた折り、、その図書館でDETA・FACTORという本を読んだのがきっかけでその著者T・ワイリーのことを知ったという。博士はさっそくワイリーに手紙を送って、その本に書かれていたO・マゴッチを紹介してもらうべくニューヨークの彼のアパートに飛んだ。それが、博士とT・ワイリーとの最初の交流の始まりとなった。博士がハワイで読んだその本の題名『DETA』とは、ドルフィン、ET、エンジェルのことでこれはまさに本著の題名そのものである。

ニューヨークでT・ワイリーに会った後、博士はトロントに飛んでマゴッチと会見し『我が深宇宙探訪記』の日本における出版権を獲得した。そんなわけで関博士はO・マゴッチの申し出をどうしても断れなかったようである。

本著を読むとわかるが、ワイリーは日本で禁止されている品物を使用しているらしく、関先生はそのことで頭を痛めておられた。成田で彼の持ち物が検疫でひっかかったらどうしようかと。しかし、ワイリーは心得ていて無事成田の検査を通過した。彼の持ち物は女性用のかつらや衣装、下着類でこれらは数日後、彼の講演会で一般の聴衆者の度肝をぬくことになった。成田の検査では、男が女性の衣類を持っていたとしても問題にしないのである。ワイリーは彼の講演の中で「エンジェル」を演じただけである。彼は男性より女性の方が好きである。従って彼を日本に呼ぶ場合は、彼の奥様も一緒に呼んだ方が良い。けっして単身で呼んではならない。

さて彼が滞在中、私に二冊の本が手渡された。日本で出版したいのでどこか出版してくれる会社を紹介してほしいと。

T・ワイリーの話は明窓出版刊『あしたの世界P2』104頁以下に書いた。これは2004年の夏に出版されたが、私の原稿段階から増本社長がワイリーの本に興味を持った。そこで7年前にワイリーから手渡された彼の本を見せた。すでに時効になってしまっているようなことで、それにはっきりとワイリーに約束したような事項でもなかった。

鈴木美保子氏の翻訳が出来上がってきて読むと、「今だからこそ読むに値する本」だという思いが沸き上がってきた。あらゆる宗教によらず、教祖にすがることもなく、自らの内に何ごとかを理解しようとしている人々が増えていることを日々、ひしひしと感じている私にとっても重要な本となった。「神は無駄なことを一つもさせない」とわかった。

２００５・12月24日記　自宅にて記す。

ティモシー・ワイリー氏（左）と
オスカー・マゴッチ氏（右）
（池田邦吉氏撮影）

著者：ティモシー・ワイリー

1940年イギリス生まれ、ロンドンで育つ。大学で建築家の資格を得る。六十年代半ばにアメリカに移住し、当時流行った「ザ・プロセス」というスピリチュアルなコミューンを共同設立する。1973年に臨死体験を得て、大いなる意識の拡大を認識する。1980年に体外離脱状態の探求の中で、イルカとのテレパシーによるコミュニケーション、見えざる存在たちとのコンタクトが始まり、今日に至る。

ミュージシャンとしてもインプロビゼーション・ジャズとシャーマニックな音楽を追求して作品を残している。また、アーチストとして子どもの頃から今もなお、絵を描き続けている。

本書は処女作であり、その後の著書には、"Dolphins, Telepathy & Underwater Birthing"、"Adventures Among Spiritual Intelligences: Angels, Aliens, Dolphins, & Shamans"、共著書に"Ask Your Angels"がある。

現在、アメリカ、ニューメキシコ州在住。

著者のウェブサイト：http://www.timothywyllie.com

訳者：鈴木美保子（すずきみほこ）

早稲田大学文学部卒業。会議通訳、翻訳者。米国アリゾナ州在住。

ニュージャージー州立ラトガーズ大学でアディクション（嗜癖）を学ぶ。ジャーナリスト活動をしながら、２０代の多くを求道の世界放浪に費やす。北米先住民、ホピ族居留地で無名の聖者、S師と出会う。

2006年、「コスミックハート・プロジェクト」を立ちあげる。

(www.mycosmicheart.com)

著書に「インド風まかせ」（連合出版）、「宇宙心」（明窓出版）、「The CosmicHeart」（1st Books、英書）、翻訳書に「内なる子どもを癒す」（誠信書房）、「クリスタルチルドレン」（ナチュラルスピリット）など多数。

レイキマスター、ダウザー、スピリチュアルガイド

ホームページ：www.thecosmicheart..com, www.mycosmicheart.com

Eメール：cosmicheart@qwest.net

あしたの世界　　船井幸雄／池田邦吉　共著

第一章　預言書によると／一枚のレポート／大変化の時代へ／新文明の到来／一通のＦＡＸ／芝のオフィスへ／なぜ時間をまちがえるのか／預言書の主役はいつ現われるか／新しい社会システム／預言は存在する／肉体は魂の仮の宿／故関英男博士のこと／統合科学大学講座／創造主のこと／洗心について　**第二章　超資本主義**／デフレ問題の行方／資本主義の終焉／突然の崩壊／「天の理」「地の理」／新しい農業政策／テンジョウマイ／**第三章　心を科学することはできるのだろうか**／科学と心／天使たち／難波田春夫さんとの出会い／船井先生の親友／船井先生の元に集まる天才たち／**第四章　対　談**／クリスマスツリー／「フォトン・ベルト」への突入／神々の世／幸せの法則

あしたの世界Ｐ《パート》２～関英男博士と洗心　　池田邦吉著／船井幸雄監修

第五章　うしとらの金神さん現わる／天恩郷のこと／２００４年３月３日／神々の会議／嫉妬心のスイッチ／明るく　愉しく　ニコニコと／シアノバクテリア／未来の食品／このままでは地球と人類が危うい／**第六章　洗心の道場**／手水鉢／故関英男博士と加速学園／ボンジュール・マダーム／奇跡は続く／田原　澄／地獄耳／わが深宇宙探訪記／宇宙船のパイロット／桜の花の下で／超能力者／松陰神社／**第七章　ノストラダムスと私**／１９９７年夏／太陽系第10惑星／浄化の波動／愛・愛とむやみに説く者はにせ者なり／自尊心、自負心／強く、正しく／ありがとうございます／分けみ魂／'99年の件は'99年に起こらない！／１９９８年／温泉旅行／お別れの会の日に／**第八章　洗　心**／アセンション／太陽系第10惑星／浄化の波動／愛・愛とむやみに説く者はにせ者なり／自尊心、自負心／強く、正しく／ありがとうございます

あしたの世界Ｐ《パート》３～「洗心」アセンションに備えて　　池田邦吉著

第九章　宇宙意識／ニューヨークかダイモンか／預言書との出会い／１９９５年１月17日／幻影／光のシャワー／想いは現実化する／宇宙エネルギー／螺旋の水流／水の惑星／**第十章　超能力**／共同超意識と生命超意識／虫の知らせ／超能力の開顕（一）／人間は退化している／超能力の開顕（二）／超能力の開顕（三）／Ｙ氏　光の書／神様が作ってくれた不思議な水／湖畔に佇んで／**第十一章　あしたの日本**／新しい宇宙サイクル／天体運行の原動力／天体波動の調整／意識の数値化／真理は単純明快なり／自然調和への道／環境問題／姿勢高き者は処置される／**第十二章　洗　心　その二**／宇宙創造の目的／地球人の正しい自覚／現生人類の先祖／地球人類の起源／一なる根源者／元兇に抗する力／科学信仰者の未来／大愛の法則に相応の理

あしたの世界Ｐ《パート》４～意識エネルギー編　　池田邦吉著

第十三章　２００５年７月11日／生きるか死ぬか／内視鏡／遠隔ヒーリング／出来ないと思うな！／ヒーリング／交通事故の後遺症／カイロプラクティック／転院また転院／伝播するヒーリングパワー／輸血16時間／**第十四章　２００５年７月12日・13日**／天使の見舞／私の前世／たくさんの前世／大部屋入り／ローマ帝国滅亡／医者の立場／７月13日（水曜日）／隣人のヒーリング／美しい庭／二人目の見舞客／**第十五章　２００５年７月14日**／本番の大手術／病院の食事／肩凝り／超能力少年／空箱／再生／遺伝／**第十六章　退院**／２００５年７月15日／ショコラ／メヌエール／日課／化学物質過敏症／ノストラダムスの生涯／洗心すると病気にならない／７月16日（土）

定価：各1300円

イルカとＥＴと天使たち

ティモシー・ワイリー

鈴木美保子訳

明窓出版

平成十八年十月一日初版発行

発行者――増本　利博

発行所――明窓出版株式会社

〒一六四―〇〇一二

東京都中野区本町六―二七―一三

電話　（〇三）三三八〇―八三〇三

ＦＡＸ（〇三）三三八〇―六四二四

振替　〇〇一六〇―一―一九二七六六

印刷所――株式会社　シナノ

落丁・乱丁はお取り替えいたします。

定価はカバーに表示してあります。

ISBN4-89634-189-9

ホームページ http://meisou.com　Eメール meisou@meisou.com